EISACKTAL GRÖDNER TAL

BRIXEN • STERZING

KOMPASS Wanderbuch

2.a Auflage, 2000
Texte und Touren-Tips: Fritz Köck, Baldramsdorf

Titelbild: Geislergruppe (Günther Haas)
Innentitel: Schlerngipfel (Dr. Wagner)

Bildnachweis:
Alpenzoo Innsbruck/Ilsinger S. 120; Archiv der Kurdirektion Brixen S. 64, 67, 69, 72, 86/87, 99; Köck S. 101, 111, 125, 131; Oberarzbacher S. 94/95; Dr. Teutsch S. 6, 13, 16, 19, 23, 26, 31, 39, 45, 49, 53, 59, 62, 74, 76, 77, 83, 88, 103, 106, 108, 115, 116; Verkehrsamt Sterzing S. 47; Dr. Wagner S. 92, 118, 122.

ISBN 3-85491-407-5
Verlagsnummer 954

Da die Angaben eines Wanderführers in der heute so schnellebigen Zeit fast ständig Veränderungen unterworfen sind, kann für die Richtigkeit keine absolute Gewähr übernommen werden. Auch lehrt die Erfahrung, daß Irrtümer nie ganz zu vermeiden sind. Für Berichtigungen und Verbesserungsvorschläge ist die Redaktion daher stets dankbar. Korrekturhinweise bitte an folgende Anschrift:

KOMPASS-Karten GmbH, Kaplanstraße 2, A-6063 Rum/Innsbruck
Fax 0043/(0)512/26 55 61-8
e-mail: kompass@kompass.at
http: //www.kompass.at

Vorwort

Wer kennt es nicht, das „Eisacktal", jene von alters her klassische Verkehrsader über den Brenner, die die nordalpinen Länder auf dem kürzesten Weg mit den mediterranen Gebieten des Südens verbindet; in der Antike bereits von römischen Gespannen mühsam durchquert, heute auf oft überlasteten, modernen Autobahnen eilig durchfahren? Doch wer kennt es wirklich, dieses Eisacktal, das von der Wasser- und Klimascheide des Brenners in drei Stufen, dem Wipptal, dem Brixener Becken und der Talenge bei Klausen/Blumau, ins Bozner Becken führt? Möglich, daß der sonnen- und badehungrige Urlauber kurze Rast im von Meister Multscher geprägten Kunststädtchen Sterzing einlegt oder von der freundlichen Bischofsstadt Brixen sich zum Verweilen einladen läßt, möglich auch, daß der Eilige sich Zeit gönnt, das mittelalterliche Kleinod Klausen mit dem es trutzig krönenden Kloster Säben zu besuchen. Doch wer das Eisacktal nur **„durchfährt", kennt es nicht; denn in fast scheuer Zurückhaltung verhüllt es** vom Talgrund aus, was an einmalig schöner Landschaft, nur wenige Kilometer vom Eisack entfernt, sich dem Erholungsuchenden offenbart. Es sind die zahlreichen verträumten Seitenhochtäler, zu denen das Eisacktal den Schlüssel birgt, die mit ihren erhabenen Naturschönheiten dem verweilenden Urlaubsgast nachhaltige Naturerlebnisse vermitteln.
Nur einige aus der Fülle der Wandermöglichkeiten seien an dieser Stelle kurz angeführt. Im Bereich des Wipptales: Das **Pflerscher Tal** mit der Dolomit burg des Tribulauns und den silbergleißenden Schneeriesen der Feuersteine am Talschluß. Das **Pfitscher Tal,** das bis an die Firnregion des Zillertaler Alpenhauptkammes führt.
Aus dem Bereich des Brixener Beckens: Das wegen seiner tiefbeeindruckenden Bergkulisse berühmte **Villnößtal** mit den gigantischen Felstürmen des Geislermassivs oder die **Plose** mit dem einmalig schönen Panoramablick von den Stubaier über die Zillertaler Alpen zu den Dolomiten. Endlich aus dem Bereich Klausen/Blumau: Das weltweit bekannte **Grödner Tal** mit der bleichen Felsenburg der Sella und der bizarren Langkofelgruppe, der Königin der Dolomiten. Schließlich das liebliche **Tierser Tal** mit dem Dolomitentraumblick auf Rosengarten und Latemar.
Vorliegendes „KOMPASS-Wanderbuch" will in 70 sorgsam ausgewählten, ausführlich beschriebenen Wanderungen den Erholungsuchenden in Naturräume von außerordentlicher Schönheit und Vielfalt begleiten, wobei Text, Bild und Karte sich sinnvoll ergänzen und die Information steigern. Das handliche Wanderbuch mag als Ratgeber bei der Auswahl lohnender Touren dienen, eine nützliche Hilfe auf schönen Wegbegehungen sein, aber zugleich auch die Erinnerung an nachhaltige Naturerlebnisse in Südtirol wachhalten. Möge es vielen Menschen, die ein Herz für Schönheit und Natur haben, Freude bereiten!

Schöne Tage wünscht Ihnen
Ihre KOMPASS-Redaktion

Inhaltsverzeichnis

Seite

Beschreibung der Landschaft 7
Siedlungsgeschichte 8
Geologie 9
Pflanzen- und Tierwelt 12
Das Eisacktal – ein Ziel zu jeder Jahreszeit 14
Allgemeine Tips für Wanderungen und Bergtouren 15

Eisacktal (mit Sterzing, Pflersch-, Ridnaun-, Ratschings- und Pfitscher Tal) 16

1. Landshuter Höhenweg: St. Jakob in Pfitsch – Stein – Pfitscher-Joch-Haus, 2.277 m – Landshuter Hütte, 2.693 m 27
2. Bergtour: St. Jakob in Pfitsch/Platz – Landshuter Hütte, 2.693 m – Kraxentrager, 2.998 m 28
3. **Bergwanderung: St. Jakob in Pfitsch/Platz – Landshuter Hütte, 2.693 m – Wildseespitze, 2.733 m** 29
4. Bergtour: Stein – Hochfeiler-Hütte, 2.700 m – Hochfeiler, 3.510 m 30
5. Bergtour: Pfitscher Joch, 2.248 m – Rotbachlspitze, 2.895 m 32
6. Bergtour: Burgum – Sterzinger Hütte, 2.344 m – Wilde Kreuzspitze, 3.132 m 33
7. Bergtour: Kematen – Flatschjöchl – Wolfendorn, 2.776 m 34
8. Bergtour: Brenner – Wolfendorn, 2.776 m 35
9. Wanderung: Brennerbad – Schlüsseljoch, 2.209 m – Flatschspitze, 2.567 m 35
10. **Bergtour: Sterzing/Braunhof, 1.340 m – Saun, 2.085 m – Riedspitze, 2.498 m – Weißspitze, 2.716 m – Saun, 2.085 m – Sterzing/Braunhof, 1.340 m** 36
11. Wanderung: Brenner – Hühnerspielhütte, 1.868 m – Sterzing 38
12. Wanderung: Gossensaß – Pflerschtal – Ladurnser Alm, 1.724 m – Edelweißhütte, 1.982 m 38
13. Bergwanderung: Innerpflersch – Tribulaunhütte, 2.373 m – Hoher Zahn, 2.925 m – Stein 40
14. **Bergtour: Stein – Schneespitzhütte/Magdeburger Hütte, 2.423 m – Weißwandspitze, 3.018 m** 42
15. Bergwanderung: Sterzing – Roßkopf, 2.189 m – Raminges 43
16. Bergtour: Sterzing – Roßkopf, 2.189 m – Telfer Weißen, 2.588 m 44
17. **Bergwanderung: Sterzing/Braunhof, 1.340 m – Saun, 2.085 m – Sterzing/Braunhof, 1.340 m** 44
18. Wanderung: Sterzing – Telfes – Mareit 45
19. Bergtour: Sterzing – Roßkopf, 2.189 m – Seebersee – Prischer-Alm, 2.160 m – Innermareit 46
20. Bergwanderung: Innermareit – Teplitzer Hütte, 2.586 m 47
21. **Bergtour: Teplitzer Hütte, 2.586 m – Becherhaus, 3.195 m – Wilder Freiger, 3.419 m** 48
22. Sieben-Seen-Wanderung: Innermareit – Lazzacher Tal – Egetjoch, 2.693 m – Trüber See – Übeltalferner-Hütte, 2.254 m 50
23. Wanderung: Innermareit – St. Magdalena, 1.414 m – Mareit 51
24. Wanderung: Außerratschings/Stange – Gilfenklamm – Ruine Reifenegg 52
25. Bergtour: Flading – Gleckspitze, 2.620 m 53
26. Bergtour: Flading – Hohe Kreuzspitze, 2.746 m 55
27. Wanderung: Pülverer – Innere Wumblsalm, 1.907 m 55
28. Bergwanderung: Jaufenpaß – Fleckhütte – Fleckspitze, 2.331 m 56
29. Bergwanderung: Jaufenpaß – Jaufenspitze, 2.481 m 57
30. Wanderung: Jaufental – Platsch – Gostjöchl, 1.799 m – Außerthal 58

31. Bergwanderung: Penser Joch, 2.214 m — Sarner Weißhorn, 2.705 m 60
32. Bergtour: Penser Joch — Zinseler, 2.422 m 61
33. Wanderung: Freienfeld — Sengestal — Große Mootalm, 2.012 m 61
34. Wanderung: Sterzing — Schloß Reifenstein 63

Brixen und Umgebung 64

35. Bergwanderung: Meransen — Kieneralm, 1.741 m — Gitsch, 2.510 m 73
36. Wanderung: Vals — Fanealm, 1.739 m — Brixner Hütte, 2.307 m 74
37. Bergtour: Brixner Hütte, 2.307 m — Wilde Kreuzspitze, 3.132 m 76
38. Bergwanderung: Vals/Fanealm — Labesebenhütte, 2.138 m — Wilder See, 2.538 m 77
39. Wanderung: Spinges — Jochtal — Vals 78
40. Wanderung: Rodeneck — Nauders — Fröllerberg, 1.291 m 79
41. **Bergwanderung: Lüsenberg/Zumis, 1.750 m - Rodenecker Alpe, 2.000 m** 80
42. Wanderung: Lüsen — Kreuzwiesenhütte, 1.925 m 81
43. Wanderung: St. Andrä — St. Leonhard 83
44. Wanderung: Vahrn — Vahrner See — Neustift — Vahrn 84
45. Wanderung: Brixen — Natz — Schabs — Neustift — Brixen 85
46. Wanderung: Brixen — Mellaun — Klerant — Sarns — Milland 88
47. **Bergwanderung: Brixen/Kreuztal, 2.000 m - Plosehütte, 2.447 m - Pfannspitze, 2.547 m - Großer Gabler, 2.574 m** 89
48. **Bergwanderung: Brixen/Kreuztal, 2.000 m - Brixner Höhenweg - Ochsenalm, 2.085 m - Telegraph, 2.507 m** 90
49. Wanderung: Schalderer Tal 91
50. Bergwanderung: Schalders — Spilucker Köpfl, 1.603 m — Schalders 92

Klausen und Umgebung, Villnößtal und Grödner Tal 94

51. Wanderung: Klausen — Kloster Säben 105
52. Bergwanderung: Feldthurns/Garn — Kuhberg — Radlseehütte, 2.284 m 106
53. Bergwanderung: Latzfons — Klausener Hütte, 1.923 m — Latzfonser Kreuz, 2.298 m 108
54. Bergwanderung: Villanderer Alm, 1.744 m — Rittner Horn, 2.260 m 110
55. **Wanderung: St. Peter/Villnöß - Teis, 963 m - St. Peter/Villnöß** 111
56. **Wanderung: St. Magdalena/Villnöß - Sass Rigais, 1.680 m - Schlüterhütte, 2.297 m** 112
57. Bergwanderung: Sass Rigais — St. Zenon — Sobutsch, 2.485 m 113
58. Günther-Messner-Steig: Aferer Geiseln 115
59. Bergtour: Würzjoch, 1.987 m — Peitlerkofel, 2.875 m 117
60. Wanderung: Lajen — Albions — Vogelweiderhof — Lajen 119
61. Bergwanderung: Lajen — Ramitzler Schwaige — Raschötzhütte, 2.165 m 120
62. **Rundwanderung: Über die Puflatschalpe** 122
63. Rundwanderung: Seiser Alm 124
64. Höhenwanderung: St. Ulrich — Saltner Schwaige — Broglesalm, 2.045 m — Adolf-Munkel-Weg — Sass Rigais — St. Magdalena/Villnöß 126
65. Bergwanderung: St. Ulrich — St. Jakob — Pitschberg, 2.365 m 127
66. Bergwanderung: Wolkenstein — Regensburger Hütte, 2.039 m — Puezhütte, 2.475 m 128
67. Wanderung: Wolkenstein — »Bahnweg« — Grödner Joch, 2.137 m 130
68. Klettertour: Grödner Joch — Große Cirspitze, 2.597 m 131
69. Wanderung: Grödner Joch — Puezhütte, 2.475 m 132
70. Wanderung: Langkofel-Umrundung 132

Alpengasthöfe und Unterkunftshütten **134**
Orte · Hütten · Berge **138**
Telefon- und Faxnummern der Tourismusvereine **140**
Telefonnummern der wichtigsten Schutzhütten **141**

Eisacktal

Auf einer Südtiroler Karte der Gegenwart betrachtet, ist das Eisacktal kaum zu übersehen. Markant ziehen die europäisch bedeutsamen Verkehrswege der Brenner-Autobahn und der Brenner-Eisenbahn durch dieses Gebiet. Obwohl die Verkehrserschließung vorwiegend erst im zwanzigsten Jahrhundert erfolgte, war das Eisacktal schon seit jeher als Verkehrsweg zwischen Mittel- und Südeuropa geschätzt.
Seine nördliche Eingrenzung, die Stubaier und Zillertaler Alpen, weisen in Form der Einsattelung des Brennerpasses eine Durchfahrtsroute auf, welche aufgrund ihrer relativ geringen Erhebung zu den darunterliegenden Tälern nie ein allzu gravierendes Verkehrshindernis sein konnte. Im Gegensatz dazu sind die übrigen, vom Sterzinger Talbecken beinahe sternförmig ausgehenden Seitentäler in ihren Talschlüssen wesentlich schwieriger zu überwinden. So z. B. liegt das Pfitscher-Joch, im Talschluß des Pfitscher Tales um nahezu 1.000 m höher als der Brennerpaß.
Aus den Seitentälern heraus wird auch die der Talschaft den Namen gebende Ader – der Eisackfluß – genährt. Hoch herab von den Gletscherzungen von Zuckerhütl und Wildem Pfaff in den Stubaier sowie dem Hochfeiler in den Zillertaler Alpen stürzen Wildbäche in die einstige Sumpflandschaft des Sterzinger Mooses. Diese Beckenlandschaft besitzt heute außer dem Brenner noch zwei westseitige Verkehrswege nach außen – das Penser Joch und den Jaufenpaß, welche jedoch nur im Sommer für den Verkehr passierbar sind.
Südwärts verengt sich das Tal zur Sachsenklemme, um dann bei Franzensfeste plötzlich in ein breites Talbecken mit lieblicher Mittelgebirgslandschaft überzugehen. Tief eingeschnittene Seitentäler wie das Valser- und das Schalderer Tal wechseln mit almbegrünten Kuppen im Plosegebiet, die wiederum durch schroffe Spitzen der westseitigen Sarntaler Alpen und der ostseitig gelegenen Dolomiten eingegrenzt werden. Brixen bildet das kulturelle und wirtschaftliche Zentrum des Eisacktales. Es ist die älteste Stadt des gesamten Tiroler Raumes und wird heute von ca. 16.000 Personen bewohnt. Weiter im Süden verengt sich das Tal erneut. Die Siedlungen sind nun hauptsächlich auf den steilen Talhängen errichtet. Lediglich Klausen nützt als größerer Ort den Talboden. Zunehmend Obst- und Weinkulturen kennzeichnen den Übergang vom kalten Klima des Nordens zum milder werdenden Klima des Südens. Wie eine Barriere wirkt die steilwandige Felsschlucht unterhalb von Waidbruck, die den Übergang ins Bozner Talbecken bildet und neben dem Eisackfluß den Verkehrswegen – Bahn, Staatsstraße und Autobahn – nur noch durch aufwendige Tunnel- und Pfeilerbauten Platz bieten kann.
Vom Talboden schweift der Blick hinauf zu den Felsen des Schlernmassivs und der Pfarrkirche von Lajen. Der Durchreisende kann nur an den Autobahnausfahrten und Verkehrsschildern ablesen, daß sich hier noch zwei äußerst kontrastreiche Seitentäler öffnen: Das kleine, eher unscheinbare Villnößtal und das längere – und von seiner Fremdenverkehrsbedeutung für Südtirol eher als Haupttal zu bezeichnende – Grödner Tal.

◂ Labesebenalm mit Wilder Kreuzspitze, 3.132 m

Villnöß- und Grödner Tal sowie das nördlich der Plose gelegene, noch kleinere Lüsener Tal sind bereits Einschnitte in die nördlichen Dolomiten. Daher erschließt sich für den Reisenden, der von Klausen ins Grödner Tal fährt, neben dem beachtlichen Höhenunterschied ab St. Ulrich, eine völlig andere Welt. Steil aufragende Felsmassive inmitten begrünter Almen sind charakteristisch für die gesamten Dolomiten. International bekannt wurde das Grödner Tal durch seine Holz- und Krippenschnitzer sowie durch die Erschließung für den Skitourismus. Als »Eckpfeiler« des in diesem Buch beschriebenen Wandergebietes könnte man das berühmte Langkofelmassiv im Grödner Tal und das Rittner Horn in den Sarntaler Alpen bezeichnen; beide Erhebungen bekräftigen durch ihren Bekanntheitsgrad den Ruf der Eisacktaler Wanderregion.

Siedlungsgeschichte

Die Geschichte des Eisacktales deckt sich weitgehend mit der des gesamten Südtiroler Raumes.
Funde im Raum Brixen lassen eine Besiedlung dieses Gebietes ab der mittleren Steinzeit vermuten. Eine eigenständige Kultur ist bis in die Bronzezeit (von 1800 bis 1500 v. Chr.) zurückzuverfolgen. Die Römer nannten die Bewohner im Südalpengebiet »Räter«. Die Herkunft dieses Volkes war offensichtlich keltisch. Die Einflüsse kamen, bedingt durch die Eisacktal-Lage, von Norden durch die Cimbern, von Süden durch Etrusker und Veneter. Politisch gesehen, verlief eine römische Provinzgrenze, nämlich die Südgrenze Rätiens, im Eisacktal, unweit von Klausen. Bei der Eroberung dieses Gebietes durch die Römer spielte der Feldherr Drusus eine bedeutende Rolle, ein Name, der sich noch heute in Straßen- und Brückennamen Bozens wiederfindet. Nachgewiesen ist auch der Ausbau des Verkehrsweges durch das Eisacktal in dieser Zeit; zahlreiche Funde im Puster- und Eisacktal bestätigen die römische Bautätigkeit.
Obwohl die Römer den bereits ansässigen Völkern Sitte und Kultur weitgehend beließen, entwickelten sich aus den einstigen Rätern durch Vermischung die Rätoromanen. In einigen Schweizer und italienischen Alpentälern haben sich Reste von rätoromanischem Sprachgut erhalten. So auch im Grödner Tal, wo neben dem Gader-, Fassa- und Ampezzotal ein beträchtlicher Bevölkerungsanteil mit ladinischer Muttersprache vorzufinden ist.
Als bedeutende geschichtliche Epoche folgte der Untergang des Römischen Reiches, wobei der Germanensturm mit Sicherheit eine der Einfallsrouten auch durch das Eisacktal gewählt hatte. Über die relativ kurze Langobardenherrschaft in Oberitalien ist in bezug auf Einflüsse auf die Eisacktaler Bevölkerung wenig bekannt; mit Ausnahme der Tatsache, daß die in diesem Raum verbreitete Sage des Königs Dietrich von Bern vermutlich auf den großen Langobardenkönig Theoderich (begraben in Ravenna) zurückzuführen ist.
Nachweislich durch die Geschichte belegt ist das Eindringen der Bajuwaren im 6. Jahrhundert n. Chr. Zusammen mit den Rätern gelang es diesen, die von Osten eindringenden Slawen aus diesem Gebiet fernzuhalten, was im späteren Verlauf ein friedliches Zusammenleben von Bajuwaren und

Rätern begünstigt haben mag. Vom Verschmelzen dieser beiden Kulturen zeugen heute auch noch einige Hof- und Flurnamen mit romanischem Stamm, jedoch germanischer Schreibweise.
In den selben Zeitabschnitt fällt die Christianisierung des Landes. So fand sich schon damals auf dem Felsberg des heutigen Klosters Säben bei Klausen ein Bischofssitz, »Sabiona« genannt, der damals zum Bistum Aquileja gehörte. Brixen wurde kurz darauf als Bischofssitz bekannt; die Grafschaft an Eisack und Inn wurde im Jahre 1027 dem Bischof Hartwig als Lehen durch Kaiser Konrad II. verliehen. Obwohl nominell Herren über das Land, gaben die Bischöfe die militärische und politische Macht an weltliche Grafen weiter. Aus einem dieser Landstreite gingen dann die Grafen von Tirol als Sieger hervor, die dem ganzen Land den heutigen Namen verliehen. Besonders wichtig ist dabei die Rolle des Grafen Meinhard II., der die Macht der Bischöfe beschnitt, und durch seine Beziehungen auch die Habsburger in die Geschicke des Landes miteinbezog. Das Eisacktal war in dieser Zeit auch Stätte berühmter Sänger und Dichter, darunter Walther von der Vogelweide und Oswald von Wolkenstein.
1363 wurde das Gebiet durch Erwerb unter dem Habsburger Rudolf IV. österreichisch. Reformation und Gegenreformation brachten unruhige Zeiten im Land Tirol. Hervorzuheben ist hier besonders der aus der Nähe von Sterzing stammende Bauernführer Michael Gaismair, der mit seinem Aufruhr an inzwischen eingesessenen klerikalen Machtstrukturen beträchtlich rüttelte.
Einige Jahrhunderte später treten die noch heute traditionell bekannten Tiroler Schützenverbände in den Franzosenkriegen auf. So verteidigten Schützen 1797 bei Spinges erfolgreich den Eingang zum Pustertal. In der Folge litt das Eisacktal durch seine strategische Lage unter den Kämpfen mit Franzosen und Bayern; Tirol wurde nach der Niederlage von 1809 bis 1814 politisch zerstückelt, jedoch später wieder vereint. Bevölkerungsgeschichtlich ist das Jahr 1919 bedeutsam: Im Frieden von St. Germain wird ganz Südtirol Italien zugesprochen, der Brenner wird Staatsgrenze. Erfolgt der italienische Zuzug vorerst noch spärlich, so wird er jedoch während der Zeit Mussolinis stark forciert. Heute lebt in den Landgemeinden vorwiegend deutschsprachige Bevölkerung; lediglich in den Stadtbereichen von Sterzing und Brixen haben sich auch Italiener angesiedelt. Der Fremdenverkehr ist als wichtigster Faktor für die wirtschaftliche Stellung des Eisacktales und seiner Bewohner an einem der Hauptverkehrswege in der Mitte Europas hervorzuheben.

Geologie

Der Eisack durchquert von seinem Ursprung am Brenner bis zur Mündung in die Etsch die Südabdachung der Zentralalpen. Die Brennerfurche zeichnet das Westende des Tauernfensters nach.
Die Abtragung durch die Erosionswirkung von Wasser, Eis und Frost hat den Internbau des Alpenhauptkammes fensterartig freigelegt. Hier tauchen die nach ihrem Hauptverbreitungsgebiet in Graubünden benannten Bündner Schiefer, umrahmt vom Kristallin der Ötztaler Alpen im Westen und von der Zone der Alten Gneise im Süden auf. Die Bündner Schiefer

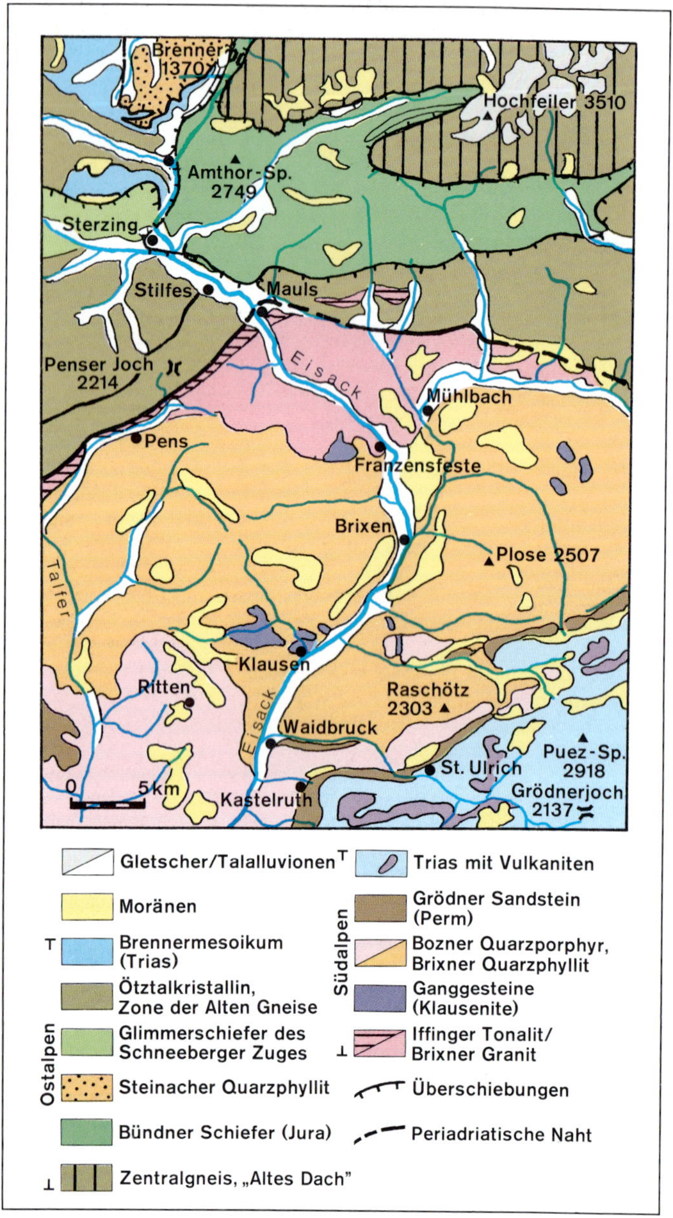
Brenner
1370
Hochfeiler 3510
Amthor-Sp.
2749
Sterzing
Stilfes
Mauls
Penser Joch
2214
Eisack
Mühlbach
Pens
Franzensfeste
Brixen
Plose 2507
Talfer
Klausen
Ritten
Raschötz
2303
Eisack
Waidbruck
Puez-Sp.
2918
St. Ulrich
Grödnerjoch
2137
0
5km
Kastelruth
Gletscher/Talalluvionen
Moränen
Brennermesoikum
(Trias)
Ötztalkristallin,
Zone der Alten Gneise
Glimmerschiefer des
Schneeberger Zuges
Steinacher Quarzphyllit
Bündner Schiefer (Jura)
Zentralgneis, „Altes Dach"
Ostalpen
Trias mit Vulkaniten
Grödner Sandstein
(Perm)
Bozner Quarzporphyr,
Brixner Quarzphyllit
Ganggesteine
(Klausenite)
Iffinger Tonalit/
Brixner Granit
Südalpen
Überschiebungen
Periadriatische Naht

wurden im Jura im sich öffnenden Tethysmeer abgelagert, wo durch untermeerischen Vulkanismus ständig ozeanische Erdkruste entstand. Reste des vulkanischen Ozeanbodens sind die eingelagerten Grünschiefer und Serpentinite.
Die Bündner Schiefer hüllen ihrerseits die Zentralgneise (Zillertaler-, Tuxer Alpen) ein, die als glutflüssige Magmen vor ca. 280 bis 240 Mio. Jahren in kristalline Gesteine des Paläozoikums eindrangen und dort erstarrten.
Der Inhalt des Tauernfensters zählt zum tiefsten geologischen Stockwerk der Alpen, dem Penninikum, das von der Schweiz kommend das Rückgrat der Ostalpen aufbaut. Es tritt in den Fenstern von Gargellen, im Engadin, im Tauernfenster und im Fenster von Rechnitz im Burgenland aus dem Untergrund zu Tage. Der zwiebelschalenartige Bau der Zentralalpen, wo jüngere Gesteine (Bündner Schiefer, Jura) von den wesentlich älteren paläozoischen Kristallingebieten (Ötztalmasse, Alte Gneise) überlagert werden, beweisen den Deckenbau der Alpen auf eindrucksvolle Weise.
Westlich der Brennerfurche bedeckt das Brennermesozoikum, ein Rest von triadischem Deckgebirge das von der Abtragung verschont blieb, das Ötztalkristallin. Darüber breitet sich eine überschobene Scholle von paläozoischem Quarzphyllit, der Steinacher Decke. Diese Überlagerung von jüngeren Gesteinen, wie Wettersteinkalk und Hauptdolomit, durch den älteren Quarzphyllit ist wieder ein Hinweis auf den alpinen Deckenbau.
Die Schließung des Tethysozeans durch das Nordwärtsdriften des Afrikanischen Kontinentes, von der mittleren Kreide vor ca. 100 Mio. Jahren bis ins mittlere Tertiär (ca. 35 Mio. Jahre), war der Motor für die gewaltigen Krustenbewegungen, die zum Deckenbau führten. Durch die Anhäufung von alpinen Decken während der Gebirgsbildung kam es zur Absenkung und Aufheizung der Gesteine, die sich unter Druck und Temperatur umwandelten. Dieser als Metamorphose bezeichnete Vorgang macht aus Sedimenten und Vulkaniten kristalline, metamorphe Gesteine. Geophysikalische Messungen zeigen, daß die Grenze zwischen Erdkruste und Mantel unter den Zentralalpen 70 bis 80 km tief liegt, während die Kruste des Kontinents im Durchschnitt 30 bis 50 km dick ist. Diese Anhäufung von im Vergleich zum Erdmantel leichteren Gesteinen verursacht eine Ausgleichsbewegung.
Der isostatische Aufstieg der Alpen wird durch Präzisionsnivellements bestimmt und beträgt mehrere Millimeter pro Jahr. Die Hebung wird durch die Abtragung des Gebirges annähernd ausgeglichen.
Folgt man dem Eisack flußabwärts, so quert er bei Mauls eine bedeutende tektonische Linie, die Periadriatische Naht. Diese tiefgreifende tektonische Störung trennt die Ostalpen im Norden von den Südalpen. Entlang dieser Struktur wurden, vereinfacht gesprochen, die afrikanischen Platten durch die alpidische Gebirgsbildung an den europäischen Kontinent angeschweißt. Entlang dieser Nahtstelle drangen zur alpidischen Zeit die Magmen des Brixner Granites ein, der eine beträchtliche Fläche einnimmt. Das kristalline Grundgebirge stellt gegen Süden der Brixner Quarzphyllit, ein schiefriges Quarz- und glimmerreiches präkambrisches Gestein dar. Es ist von vulkanischen Ganggesteinen durchsetzt, die nach dem Vorkommen bei Klausen Klausenite genannt werden.

Südlich von Waidbruck schneidet sich der Eisack durch die Platte des Bozner Quarzporphyrs. Das charakteristisch rotgefärbte Gestein verdankt seine Entstehung gewaltigen Spalteneruptionen von zähflüssigen, gasreichen Laven vor ca. 265 Mio. Jahren zur Zeit des Perm. Die Glutwolkenabsätze (Ignimbrite) breiteten sich mit großer Geschwindigkeit weit aus. Sie bedecken eine Fläche von ca. 4.000 km^2, die Abfolge ist bis zu 3.000 m mächtig. Durch die rasche Abkühlung kam es zur Auskristallisation von Quarzen in einer glasigen Grundmasse (porphyrisches Gefüge). Über der Quarzporphyrplatte kam es gegen Ende des Perm zu einem Übergreifen des Meeres. In der Trias senkte sich der gesamte Bereich und die Schichtfolge der Südtiroler Dolomiten kam zur Ablagerung. Mächtige Serien von hellen Flachwasserkarbonaten (Schlern- und Sarldolomit) wechseln mit tonigen dunklen Beckensedimenten (Buchensteiner Schichten). Die Becken zwischen den Riff- und Lagunenbereichen wurden noch dazu von Vulkaniten aufgefüllt (Wengener- und Cassianer Schichten). Die höhere Trias wie Raibler Schichten und Hauptdolomit sowie Juragesteine finden sich in den zentralen Dolomiten.
Der rote Quarzporphyr am Ritten, die graublaue Kulisse des Schlern und der sagenumwobene Rosengarten sind die Markenzeichen der Südtiroler Landschaft geworden.
Die Eiszeiten in den letzten 100.000 bis 10.000 Jahren haben durch die Schurftätigkeit der Gletscher das Erscheinungsbild der Ost- und Südalpen geformt. Seitenmoränen finden sich an den Flanken des Eisacktales. Die Rittener Erdpyramiden sind eindrucksvolle Zeugen dieser Epoche.

Pflanzen- und Tierwelt

Bedingt durch die zunehmende Meereshöhe und dem damit verbundenen Absinken der Temperaturen sowie vergrößerter UV-Intensität ändert sich die Vegetation und damit die ihr angepaßte Tierwelt. Dies gilt im besonderen für das Eisacktal. Hat man es im Norden mit der Gletscherwelt der Zentralalpen zu tun, so kontrastreich erscheint nur ca. 50 Kilometer südlich das Auftreten der ersten Wein- und Obstkulturen. Dementsprechend vielfältig ist das Pflanzenkleid. Im hochalpinen Bereich kommen viele Arten klassischer Alpenblumen vor; das Landschaftsbild wird von Almen und Fichtenwald dominiert. Weiter südlich wachsen Lärchenwälder, ein Beispiel hiefür ist der Spingeser Bergrücken parallel zum Valser Tal. Im unteren Eisacktal dominieren Föhrenbestände und vielfältiger Mischwald.
Bemerkenswert an der Pflanzenwelt ist jedoch das Nebeneinander von Pflanzen verschiedener Klimazonen: So findet man im Brixner Talbecken sowohl blühende Alpenrosen als auch Edelkastanien. Die Sonne liebende Zypresse gedeiht in Brixen ebenso wie die im Felsschutt wachsende Zwergprimel. Vorzüglich für den Gaumen des Kenners sind auch die Eisacktaler Weißweine, deren bekanntester Vertreter der »Sylvaner« ist.
Vielfältig, doch nicht außergewöhnlich ist die Tierwelt in diesem Gebiet. Der Wildbestand gilt im Eisacktal als gut gehegt. Der Wanderer trifft in manchen Seitentälern, die vom Tourismus noch weniger erschlossen sind, auf Rehe und vereinzelt auch auf Hirsche. Im oberen Eisacktal sind außerdem noch recht häufig Gemsrudel zu beobachten. Niederwild wie z. B. Hasen sind

überall vertreten. Die Pfiffe des Murmeltieres sind in den Hochtälern und Felshalden der Dolomiten leider nur mehr selten zu hören.
Zahlreiche Vogel-, Fisch- und Lurcharten sind bedroht; nur in ausgesprochenen Biotopen, die meist zu Schutzgebieten erklärt wurden, findet sich noch eine ausgesprochene Artenvielfalt – so im naturbelassenen Bereich des Vahrner Sees in der Nähe von Brixen. Dagegen sind einige Eidechsenarten, darunter die Smaragdeidechse, in den sonnenbeschienenen Hängen und Föhrenwäldern südlich der Franzensfeste und im unteren Eisacktal noch häufig anzutreffen; das charakteristische Rascheln verrät beim Durchwandern dieser Gebiete deren Anwesenheit. Hier vorkommende Schlangenarten wie die Schildviper, vereinzelt auch die ungiftige Äskulapnatter oder kleine Skorpione, bekommt man selten zu Gesicht. Wie in allen touristisch erschlossenen Gebieten, findet man viele Tier- und Pflanzenarten eher abseits markierter und häufig begangener Wege. Zur Schonung von Natur und Umwelt sollten Wanderer unbedingt auf den markierten Wegen bleiben; die Eindrücke beim Beobachten der Fauna und Flora sowie der Landschaft werden trotzdem vielfältig und reichhaltig sein.

Kleiner Fuchs

Das Eisacktal – ein Ziel zu jeder Jahreszeit

Die ausgezeichnete verkehrsmäßige Erschließung hat dieses Gebiet zu einem äußerst beliebten Urlaubsziel gemacht. Selbst in den Brixner Mittelgebirgsregionen hat man die Verkehrsadern zwar im Blickfeld; man empfindet sie jedoch weder akustisch noch optisch als zu störend, da es viele andere Dinge in der Umgebung gibt, die Faszination auf den Erholungssuchenden ausüben.

Bedingt durch das spürbar milde, fast südländische Klima beginnen im Eisacktal an manchen sonnigen Spätwintertagen bereits die ersten Knospen zu sprießen; viele Wanderwege – sieht man von hochalpinen Wegen ab – sind bereits um diese Zeit mit vollem Naturgenuß begehbar. Während sich in den Hochlagen noch die Skifahrer tummeln, kann es in den Tallagen Freude bereiten, das Erwachen der Natur in all ihrer Vielfalt und all ihren Formen zu beobachten. Wenige Wochen später beginnt es auch auf den ausgedehnten Almgebieten in einer Farbenpracht zu blühen, die jeden Fotofreund in Entzücken versetzt. Besonders schön erscheinen dann Regionen wie um das Rittner Horn, der Villanderer Alm, der Seiser Alm oder die sonnigen Hanglagen um Sterzing.

Mit steigender Temperatur nimmt auch der (Durch-)Reiseverkehr auf den Hauptrouten des Eisacktales zu. Derjenige, der sich vom Verkehrsgewühl lösen will, findet wenig abseits der Hauptdurchzugsrouten einsame Wege, leuchtend grüne Wiesen und viel Südtiroler Gastlichkeit; ab Juni sind alle Schutzhütten und Alpengasthöfe bewirtschaftet. Die Gipfel und auch die meisten schattigen Hänge werden schneefrei und damit verliert sich die Masse von Wanderern in den weitläufigen Regionen des Eisacktales mit seinen Seitentälern.

Zieht die hochsommerliche Hitze in das Land, wird man eher schattige Talwanderungen bevorzugen oder in waldreichen Gebieten wandern. Während im August vor allem Besucher aus dem oberitalienischen Raum anreisen, gehört der September den zumeist kürzer verweilenden Urlaubern aus Deutschland und Österreich, die über Brenner und Pustertal nach Südtirol kommen. Der Herbst gilt in Südtirol als niederschlagsarme Jahreszeit. Das Land präsentiert sich dann in großartiger landschaftlicher Schönheit und Farbenpracht. Zudem bietet das Eisacktal auch Köstlichkeiten anderer Art: Ende September finden sich die Sammler von Edelkastanien genauso ein wie all jene, die frisches Eisacktaler Obst oder den frisch-herben »Eisacktaler Sylvaner« beim Törggelen genießen möchten.

Im Oktober und November gehören die Wanderwege jenen, die Stille und Einsamkeit suchen. Durch die Fensterläden der schön gelegenen, aber nun geschlossenen Schutzhütten pfeift der kühle Herbstwind. Der Reiz einer Wanderung zu dieser Jahreszeit ist unbestritten.

St. Christina, Wolkenstein, St. Ulrich, Zirog, Ratschings, Roßkopf – um nur einige der klingenden Namen zu erwähnen – sind jedem Wintersportfreund bekannt. Zudem gibt es noch zahlreiche historische Stätten und Kunstdenkmäler. So mancher Tourist unterbrach beim Anblick von Burgen, Schlössern oder Kirchen seine Durchreise und machte damit einen ersten Schritt zum Kennenlernen des Eisacktales.

Allgemeine Tips für Wanderungen und Bergtouren

Die **Ausrüstung,** die wir auf unsere Bergfahrten mitnehmen, richtet sich nach der Dauer und dem Schwierigkeitsgrad unserer Unternehmung. Für leichte Touren genügen feste Wanderschuhe, ein kleiner Rucksack für Regen- und Kälteschutz, sowie für etwas Proviant. Für Ausflüge in die höheren Regionen sind zusätzlich Sonnencreme und -brille, Handschuhe, Mütze und Reservewäsche erforderlich. Die **Wanderapotheke** wird hoffentlich ungebraucht im Rucksack bleiben, doch bei Abschürfungen sind eine desinfizierende Salbe und ein Hansaplast gewiß willkommen, wie auch ein paar Sicherheitsnadeln, falls beim Abstieg der Hosenstoff leiden sollte. Hochtouren sollten grundsätzlich nur mit einem erfahrenen Bergführer unternommen werden. In den Talorten stehen behördlich autorisierte Führer zur Verfügung, die einen sicheren Gipfelsieg gewährleisten.

Die Beschaffenheit des Hochgebirges bringt es mit sich, daß viele Routen ausgesetzt sind, die Schwindelfreiheit erfordern und daher wiederholt auf vernünftiges Schuhwerk hingewiesen werden muß. Wenn wir mit Kindern unterwegs sind, so erweist sich ein kurzes Bergseil (10 m) als große Hilfe.

Bei Unfällen ist die nächste Bergrettungsstelle zu verständigen. Ist direkte Hilfeanforderung unmöglich, kann durch das **alpine Notsignal** Hilfe herbeigeholt werden. **Hilfeanforderung:** 6 Signale pro Minute in Abständen von je 10 Sekunden, eine Minute Pause, wieder 6 Signale usw. **Antwort:** 3 Signale in einer Minute in Abständen von je 20 Sekunden, eine Minute Pause, dann wieder 3 Signale usw.

Die **Schwierigkeitseinteilung** leicht – mittel – nur für Geübte richtet sich nicht nach der UIAA Skala (von leicht bis äußerst schwierig), sondern wurde unter dem Gesichtspunkt der für einen durchschnittlichen Wanderer zu überwindenden Höhenmeter, der Schwierigkeit des Weges (Gletscherbegehung) und der Einkehr- und Rastpunkte ausgewählt. Die Schwierigkeit und der angegebene Zeitaufwand stellen unverbindliche Empfehlungen dar, – sie können je nach Witterungseinflüssen und Geländeverhältnissen von den angegebenen Werten mehr oder weniger abweichen.

Kennzeichnung der Schwierigkeit:

● leichte Wanderung, auch für Kinder geeignet!
● mittelschwere Wanderung
● schwere Wanderung, nur für geübte Berggeher!

Zeichenerklärung zu den Tourenprofilen:

Gasthaus, Unterkunftshaus
unbewirtschaftete Hütte, Unterstandsmöglichkeit
Aussichtspunkt, Rundblick
Seilbahn
Sessellift

Eisacktal (mit Sterzing, Pflersch-, Ridnaun-, Ratschings- und Pfitscher Tal)

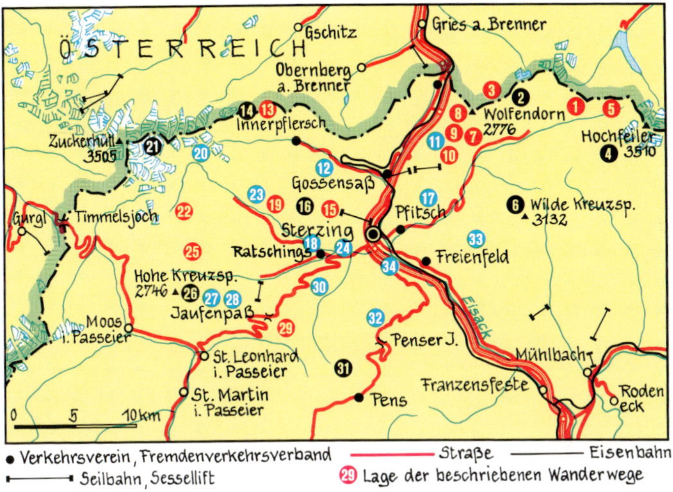

Ortsbeschreibungen:

BRENNER/BRENNERO

Gemeinde, Provinz Bozen, Einwohnerzahl: 2.250, Seehöhe: 1.370 m, Postleitzahl: I-39041. **Auskunft:** siehe Gossensaß. **Bahnstation:** im Ort. Busverbindung mit Innsbruck, Bozen, Meran und Cortina d´Ampezzo.

Der Brennersattel bildet den tiefsten Einschnitt des Alpenhauptkammes zwischen den Stubaier und Zillertaler Alpen. Er verbindet in Form einer 1 km breiten Furche das Eisack- und Etschtal mit dem Inntal. Dadurch stellt er die wichtigste Verbindung zwischen Nord- und Südtirol dar. Die Brennerstraße hatte seit der Römerzeit große Bedeutung für den Übergang von Italien nach dem Norden. Im Mittelalter zogen sechsundsechzigmal deutsche Kaiser über den Paß. Eine Großleistung der Technik war der Bau der Brennerbahn, die 1867 in Betrieb genommen wurde. Seit 1919 ist der Brenner Staatsgrenze zwischen Österreich und Italien. Die Brennerautobahn verläuft östlich des Grenzbahnhofes unter den Hängen der Griesbergalm und des Kuhberges längs des Quellbachs der Sill. Zur Gemeinde Brenner gehören die Fraktionen Innerpflersch, Gossensaß, Brennerbad, Pontiggl und Giggelberg. Das heutige Dorf Brenner ist eine Großsiedlung mit Kasernen für die Grenzpolizei und Zollwache, Bürogebäuden und Anlagen, die der Abfertigung des Güterverkehrs dienen. Eine Reihe von Gastbetrieben und Verkaufsstände tragen dem kleinen Grenzverkehr und dem Durchgangsverkehr Rechnung. Von den früheren Bauernhöfen, die sich um die St. Valentinskirche gruppierten, ist nur noch wenig zu sehen. Der Name Brenner wird von einem im Jahre 1280 urkundlich belegten Hofbesitzer Prennarius abgeleitet. Um 1400 befand sich auf dem Brennersattel bereits eine Herberge, im 16. Jh. wurde eine Poststation eingerichtet. Das 4 km entfernte Brennerbad wurde früher seiner eisenhaltigen Thermalquellen wegen viel aufgesucht. Das Bad fand 1400 seine erste Erwähnung, 1605 standen dort zwei Badehäuser.

Sehenswert im Ort und in der Umgebung
Die **alte Pfarrkirche St. Valentin,** 1449 erbaut, umgebaut im 17. Jh., 1790 vergrößert. Die **neue Pfarrkirche Maria am Wege,** 1962 fertiggestellt. Die **Goethegedenktafel** am Gasthof Post mit italienisch gehaltenem Vornamen Goethes und einem im politischen Sinn ausgelegten Ausspruch Goethes über den Brennerpaß. Das **Denkmal des Ingenieurs Karl von Etzel,** des Erbauers der Brennerbahn im Bahnhofsgelände.

FREIENFELD/CAMPO DI TRENS

Gemeinde, Provinz Bozen, Einwohnerzahl: 2.400, Seehöhe: 937 m, Postleitzahl: I-39040. **Auskunft:** Tourismusverein Freienfeld. **Bahnstation:** im Ort. Busverbindung mit Sterzing, Cortina d´Ampezzo und Innsbruck.

Die Gemeinde Freienfeld mit ihren Fraktionen Stilfes, Trens und Mauls liegt im oberen Eisacktal zwischen Sterzing und Franzensfeste, wo sich der weite Talboden des Sterzinger Mooses zur Schlucht der Sachsenklemme verengt. Dort nahmen die Tiroler 1809 500 Sachsen gefangen, die als Rheinbundtruppen für die Franzosen kämpften. Trens ist ein altberühmter Wallfahrtsort. Das Gnadenbild »Unsere Frau an der Lahn« ist eine Holzstatue aus dem Jahre 1490. Gegenüber von Trens liegt Stilfes auf dem rechten Ufer des Eisack. Es ist die größte Fraktion der Gemeinde Freienfeld. Weiter talabwärts liegt Mauls an der Mündung des Maulser Tals. In der Umgebung von Mauls soll das Mithrasrelief gefunden worden sein, das jetzt im Innenhof des Rathauses von Sterzing zu sehen ist. Gegenüber von Mauls zieht das Egger Tal nach Süden in die Sarntaler Alpen hinein. Entlang seiner Nordhänge steigt, von Sterzing her kommend, die Straße zum Penser Joch, 2.214 m, empor, die jenseits durch das Sarntal nach Bozen hinabzieht.

Sehenswert im Ort und in der Umgebung
Wallfahrtskirche Mariä Himmelfahrt in Trens, Langhaus von 1498, Chor von 1510, Gnadenkapelle barock, 1726/27, in den Jahren 1753/54 wurde das Innere der Kirche barockisiert. **Pfarrkirche zum hl. Petrus** in Stilfes, 1744–1779 erbaut. **St. Valentin** in Valgenäun, um 1500 erbaut. **Kapelle St. Anton** in Niederflans aus dem 18. Jh. **Kapelle Mariahilf** in Niederflans von 1669. **Pfarrkirche St. Martin** in Mauls, 1829. **Totenkapelle,** barock, aus der Mitte des 18. Jh. **Marienkapelle,** 1648. **Burg Welfenstein,** im 17. Jh. zur Ruine geworden, 1897 wiederhergestellt und 1918 abgebrannt. Die Schlucht der **Sachsenklemme.** Der romantische **Puntleider See,** 1.720 m.

GOSSENSASS/COLLE ISARCO

Fraktion der Gemeinde Brenner, Provinz Bozen, Einwohnerzahl: 1.750, Seehöhe: 1.098 m, Postleitzahl: I-39040. **Auskunft:** Tourismusverein Gossensaß. **Bahnstation:** im Ort. Busverbindung mit Bozen und Innsbruck.

Gossensaß

Die Fraktion Gossensaß ist Sitz der Streugemeinde Brenner. Hier mündet das Pflerschtal in das oberste Eisacktal, das geographisch die Fortsetzung des österr. Wipptales bildet. Die Ortschaft zieht sich zu beiden Seiten der alten Brennerstraße auf einer Hangterrasse am Bachbett des Eisack aufwärts. Als erste größere Ortschaft an der Südrampe des Brenners kam der Siedlung schon in früher Zeit Bedeutung zu. Der Name leitet sich vom Besitztum eines gewissen Gozzo, nicht aber von den Goten (Gotensitz) ab. Aus dem Pflerschtal wurde Silber angeliefert, Bergbauunternehmer waren lange Zeit die Augsburger Fugger. Bekannt war in der Blütezeit des Bergbaus die Jörgenbruderschaft der Knappen. Nicht weit unterhalb des Ortes wie auch oberhalb bahnt sich der Eisack seinen Weg durch eine romantische Felsschlucht. Großartige Kunstbauten der Eisenbahn, der Staatsstraße und der Autobahn fesseln hier die Aufmerksamkeit. Von besonderer Schönheit ist das Pflerschtal mit den Fernern am Talschluß und der großartigen Szenerie des Pflerscher Tribulauns. Beliebte Ausflugsziele sind die Hühnerspielhütte, der Larchboden und die Zirogalm.

Sehenswert im Ort und in der Umgebung

Die **Pfarrkirche** zur Unbefleckten Empfängnis Mariä, 1478 erwähnt, 1750 neu errichtet, Turm noch spätgotisch, 1769 erhöht, 1968 restauriert. **St. Barbara-Knappenkapelle** im Friedhof, Schnitzaltar und Fresken, 1515. **Burgruine Straßberg,** 13. Jh., ehemaliger Gerichtssitz der Tiroler Grafen, seit dem 17. Jh. verfallen.

INNERPFLERSCH/FLERES DI DENTRO

Fraktion der Gemeinde Brenner, Provinz Bozen, Einwohnerzahl: 800, Seehöhe: 1.245 m, Postleitzahl: I-39041. **Auskunft:** siehe Gossensaß. **Bahnstation:** Gossensaß (12 km). Busverbindung mit Gossensaß.

Das Pflerschtal gehört seit 1928 mit seinen Fraktionen und verstreuten Gehöften zur Gemeinde Brenner. Die Höfe erstrecken sich von Naßtal am Talbeginn bis Stein auf 1.418 m Höhe am Aufstieg zur Tribulaunhütte am Sandessee und der Schneespitzhütte. Urkundlich belegt sind Niederlassungen bereits im 13. Jh., und zwar die Steinhöfe im innersten Tal.

Sehenswert im Ort und in der Umgebung

Die **Pfarrkirche zum hl. Abt Anton,** 1416 erwähnt, 1482 von Bergknappen umgebaut, 1881 in der heutigen Form neu errichtet (neuromanisch). Der **Wasserfall** und die **Knappenlöcher.** Die **Steinhöfe.**

Das Pflerschtal

Das Pflerschtal zieht sich von Gossensaß im obersten Eisacktal 16 km weit in die Stubaier Alpen hinein. Den Talhintergrund bilden die Schneespitze und die Aglsspitze über dem Feuerstein- und Gwingesferner. Entlang der Nordseite des Tales steigen die Felswände schroff und schwindelerregend zum Hauptkamm der Stubaier Alpen auf, der von den Dolomittürmen des Pflerscher und Gschnitzer Tribulauns gekrönt wird. Das Pflerschtal selbst ist ein ausgesprochenes Waldtal. Die wenigen Siedlungen inmitten der schmalen Wiesenbänke und Weiden zu beiden Seiten der Straße bieten einen reizvollen Anblick. Im Pflerschtal blühte im 15. und 16. Jahrhundert der Bergbau. Daran erinnern heute noch die Knappenlöcher an der »Hölle«, auf der »Hängenden Wand« von Allriß und höher im Bereich des Feuersteinferners. In der Umgebung der »Hölle« fand man außerdem einen Steinblock mit dem Zeichen des Sonnenwagens, einem Drudenkreuz und Hakenkreuzen, zusammen mit Schalensteinen aus germanischer Zeit.

PENS/PENNES

Fraktion der Gemeinde Sarntal, Provinz Bozen, Einwohnerzahl: 700, Seehöhe: 1.450 m, Postleitzahl: I-39058. **Auskunft:** Tourismusverein Pens/Sarntal. **Bahnstation:** Bozen (40 km). Busverbindung mit Bozen und Sterzing.

Pens ist eine Fraktion der Gemeinde Sarntal. Es liegt am Südfuß des Penser Joches, 2.214 m, im gleichnamigen Tal. Pens war im Mittelalter ein Gerichtsort, unterstand zuerst dem Hochstift Brixen, teilte diese Funktion aber später mit den, dem Tiroler Grafen unterstehenden, Sarntaler Gerichtsherren. Die malerische Lage des Ortes am Beginn der zum Penser Joch aufsteigenden Straße hat Pens bekannt gemacht. Die Siedlung gilt auch als die Heimat einer bekannten Südtiroler Sagengestalt, des Pfeifer-Huisele.

Sehenswert im Ort und in der Umgebung

Die **Pfarrkirche St. Peter und Paul,** 1517 geweiht, im Inneren neugotisch. Die Kirche **Unsere Liebe Frau** in Weißenbach.

PFITSCH/VAL DI VIZZE

Gemeinde, Provinz Bozen, Einwohnerzahl: 2.500, Seehöhe: 943 – 3.509 m, Postleitzahl: I-39040. **Auskunft:** Tourismusverein Pfitsch. **Bahnstation:** Sterzing (3 km). Busverbindung mit Sterzing.

Zur Gemeinde Pfitsch zählen die Ortschaften Wiesen, Tulfer, Burgum, Fußendraß, Kematen, Platz, St. Jakob und Stein. Gemeindesitz ist Wiesen. Pfitsch war ursprünglich eine Almsiedlung. Die hier liegenden Hofschwaigen entwickelten sich mit der Zeit zu Bergbauernhöfen, die unter der Herrschaft der Brixener Bischöfe und einiger Adeliger standen. In der ersten Hälfte des 19. Jh. erfolgte die Zusammenlegung der Ortschaften zur Gemeinde Pfitsch. Zum Gemeindegebiet gehörte bis 1920 auch das Zamser Tal und der Schlegeisgrund jenseits der österreichisch-italienischen Grenze.

Sehenswert im Ort und in der Umgebung

Pfarrkirche in Wiesen, spätgotisch. Die wildromantische **Schlucht »In der Wöhr«.**

Das Pfitscher Tal

Von besonderer Schönheit ist das Pfitscher Tal. Es zählt zu den typischen Hochtälern der Zentralalpen. Umgeben von hohen Bergkämmen, zieht es sich vom Sterzinger Becken 36 km weit nach Nordosten in die Zillertaler Alpen hinein bis zum Pfitscher Joch, 2.248 m, das einen breiten Sattel zwischen dem Tuxer Kamm im Westen und der Hochfeilergruppe im Osten bildet. Im Bereiche des Pfitscher Joches finden sich zahlreiche Mineralvorkommen. Als Übergang nach dem Zillertal hatte das Pfitscher Joch schon immer Bedeutung. So erwähnt eine Urkunde die Gegend Phize bereits im Jahr 1180, und anno 1382 wird erstmals von Viehtrieben nach dem Zillertal berichtet. Diese Viehtriebe werden trotz der inzwischen aufgerichteten Staatsgrenze noch immer im Frühjahr und Herbst durchgeführt, denn die Almen der Pfitscher liegen auch heute noch auf österreichischem Gebiet. Der jährliche Auftrieb von Vieh über die oft noch verschneiten Hochalmen beträgt rund 1500 Rinder und Schafe. Der Pfitscher Bach wird durch ein großes Staubecken »In der Wöhr« eingefangen. In Wiesen befindet sich das zugehörige Kraftwerk der Montecatini-Edisonwerke. Wie überall im Gebiet um Sterzing wurde früher auch im Pfitscher Tal Silber, Kupfer und Blei abgebaut. Durch den Bau einer Straße wurde das Tal für den Verkehr erschlossen.

RATSCHINGS/RACINES

Gemeinde, Provinz Bozen, Einwohnerzahl: 3.600, Seehöhe: 945 – 3.471 m, Postleitzahl: I-39040. **Auskunft:** Tourismusverein Ratschings. **Bahnstation:** Sterzing (6 km). Busverbindung mit Sterzing, Meran und Mareit und zum Jaufenpaß. **Bergbahnen:** Sessel- und Schlepplifte.

In der Gemeinde Ratschings sind die Ortschaften des Ridnaun-, Ratschings- und Jaufentales zusammengefaßt. Gemeindesitz ist Stange am Eingang des Ratschingstales. Bei dem östlich von Stange liegenden Weiler Gasteig mündet das **Jaufental,** das zu den ansprechendsten Hochtälern um Sterzing gehört. Von großem Holzreichtum, an sich schmal und wenig besiedelt, wirkt es freundlich und voll ausgleichender Stille. Hier führte früher ein vielbegangener Aufstieg zum Penser Joch. Der Hauptort dieses Tales ist Mitterthal, sehr einsam hingegen liegt die höchste Siedlung Schluppes mit seinen schon im 13. Jh. besiedelten Berghöfen. Von Gasteig winden sich die Kehren der Jaufenstraße zum gleichnamigen Paß, 2.094 m.

Historischer Rastplatz an der Jaufenstraße ist Kalch, 1.443 m (1809 Hauptquartier Andreas Hofers) mit seinem günstigen Skigelände (Schlepplifte). Schon im 13. Jh. gab es am Jaufenpaß ein Hospiz als Notunterkunft. Heute gibt es mehrere Rast- und Unterkunftshäuser. Auch die Passeirer Seite des Passes bietet schönes Skigelände.

Das **Ratschingstal** zieht von Stange nach Südwesten in die südlichsten Stubaier Alpen hinein. Seine Ortschaften sind in den Fraktionen Außerratschings und Innerratschings zusammengefaßt. Das Tal ist von romantischer Schönheit. An seinem Zugang liegt die berühmte Gilfenklamm mit ihrem Marmorvorkommen. Der hauptsächlich beim Weiler Pordaun gebrochene »Sterzinger Marmor« wurde zum Bau der Innsbrucker Hofkirche und der Triumphpforte und für das Schloß Schönbrunn und die Denkmäler der großen Musiker in Wien verwendet. Den Talschluß des Ratschingstales bildet ein gewaltiger Bergsturz oberhalb der letzten Siedlung Flading.

Das bedeutendste der drei Täler, die die Gemeinde Ratschings bilden, ist das **Ridnauntal.** Es verläuft von Sterzing nach Westen bis zur Abzweigung des Ratschingstales, von dort zieht es in nordwestlicher Richtung bis zum Übeltalferner hinauf. Durchflossen wird das Tal vom Ridnaunbach. Über dem Talschluß liegen mehrere Seen: der Pfurnsee, der Trüber See und die Egetseen. Eine alte Talsperre am Aglsboden sichert das Tal vor Ausbrüchen der Eisseen über dem nordwestlichen Talschluß. Am Taleingang liegt malerisch Thuins. Benachbart ist Telfes am Südhang des Roßkopfes. Hauptort des Tales ist Mareit. Mareit besteht hauptsächlich aus hübschen Bauernhöfen, Hauptanziehungspunkt ist aber der prächtige Barockbau des Schlosses Wolfsthurn der Freiherrn von Sternbach (erbaut 1740). Seit 1983 befindet sich im Schloß ein Jagdmuseum. Von Mareit steigt die Straße über den Weiler Gasse, vorbei an der alten Knappenkirche St. Magdalena nach Innerridnaun und weiter über Kalchern und Ried zur ehemaligen Erzaufbereitung in Maiern (heute Museum). Von dort führt der Weg zu einem der höchstgelegenen Bergbauwerke Europas, dem ehemaligen Silberbergwerk Schneeberg, in dem später nur noch Blei- und Zinkerze abgebaut wurden. Das Abbaugebiet lag auf 2.355 m in einem Kar jenseits der Schneebergscharte und gehörte damit eigentlich schon zum obersten Passeiertal. In alter Zeit säumte man das Erz über die Schneebergscharte und durch das Lazzacher Tal, später führte eine Materialseilbahn das Erz zur Aufbereitungsanlage in Maiern. Unter der Schneebergscharte führt immer noch der 1726 geschlagenen Kaindlstollen ins Bergbaugebiet.

Der oberste Talschluß wird von den kühn aufsteigenden Felsmassiven und vergletscherten Häuptern des Zuckerhütls, des Wilden Pfaff und Wilden Freigers beherrscht.

Sehenswert im Ort und in der Umgebung

St. Veit in Telfes, spätgotisch, im 19. Jh. umgebaut. **St. Nikolaus** in Telfes, entgotisiert. In Gasteig die **Kirche St. Josef,** 18. Jh. Das **Kirchlein von Schönau,** gotisch. In Stange **Gasthof »Schafer«,** einstiges Zollhaus an der Zoll»stange« der Bischöfe von Brixen. **Ruine Reifenegg** am Jaufenweg, 1243 (Wappen der Trautson, Sage vom Schatz mit Schatzgräberspuren). Die **Gilfenklamm**, 1894 eröffnet (Naturschauspiel im »Kirchl«, Eintrittsgebühr). **Schloß Wolfsthurn** in Mareit, einheitlicher Barockbau mit 365 Fenstern (Kapelle mit Fresken von Matthäus Günther).

St. Pankraz in Mareit, 1867 umgebaut. Der Mareiter **Pfarrhof** und Bildstock mit Bergwerkswappen, 1537. **Christkapelle** (Krönung Mariens von J. A. Zoller, St. Kummernus) in Mareit. **Knappenkirche St. Magdalena,** spätgotisch, 1482 geweiht (spätgotischer Bergknappenaltar von Meister Mathias Stöberl, 1509). In Ridnaun **Kirche St. Josef**, barock. **Ehemalige Erzaufbereitung** in Maiern. Die **Marmorbrüche** von Ratschings und Pordaun. **St. Andreas** in Ratschings (Fresken von A. Mölck). Der **Bergsturz** von Flading. **St. Anton** in Außerthal, 18. Jh. (Christus mit dem Brunnenrohr). **St. Ursula** in Außerthal, 1389 geweiht (Fresken von 1516). **Schloß Sprechenstein** über der Mündung des Pfitscher Baches, vorgeschichtlich besiedelt, Rundturm 1241 erwähnt, Palas 1511 (Erasmuskapelle, restauriert, Fresken 1515), Wohnraum mit Wandmalereien, 14. Jh. **Schloß Reifenstein** (siehe Sterzing).

Schloß Reifenstein

STERZING/VIPITENO

Stadtgemeinde, Provinz Bozen, Einwohnerzahl: 5.600, Seehöhe: 948 m, Postleitzahl: I-39049. **Auskunft:** Tourismusverein Sterzing. **Bahnstation:** im Ort. Busverbindung mit Innsbruck, Bozen, Meran und Venedig. **Bergbahnen:** Roßkopfseilbahn, Sessel- und Schlepplifte.

Sterzing und sein Raum hing in seiner geschichtlichen, kulturellen und wirtschaftlichen Entwicklung auf das engste mit dem Brennerübergang zusammen. Mit der Besiedlung der Höhenterrassen und offenen Täler traten überall die bayrischen Einödhöfe in Erscheinung. Sterzing selbst soll, der Sage nach, von einem gewissen Störzl gegründet worden sein. Das Stadtrecht verlieh Meinhard II. von Tirol der rasch anwachsenden Siedlung im Jahr 1290. Geschickt verstanden es die Herbergsbesitzer, sich verschiedene Sonderrechte zu sichern. So erhielten sie von den Herzögen Otto und

Heinrich das Alleinrecht für den Ausschank von Getränken und die Beistellung von Quartieren und von dem Habsburger Rudolf IV. als dem Nachfolger der Margareta Maultasch das Recht, den gesamten Durchzugsverkehr von der Brennerstraße ausschließlich durch die innere Stadt zu leiten. Eine ausgesprochene Blütezeit brachte dann der Bergbau im Ridnaun- und Pflerschtal. Die sogenannte »goldene Zeit« brach damals an. Das war im 15. und 16. Jahrhundert. Besonders die Augsburger Fugger als Gewerksherren der Silber- und Bleibergwerke am Schneeberg trugen zum allgemeinen Wohlstand bei. Damals entstanden Bauwerke wie der Zwölferturm, das nach den Plänen des Hofbaumeisters Kaiser Maximilians I., Jörg Kölderer, ausgestattete prächtige Rathaus, verschiedene, heute noch viel bewunderte Patrizierhäuser und die besonders schöne Pfarrkirche. Begüterte Bürger wie der Stadtrichter Grebmer von Wolfsthurn brachten sich in den Besitz in der Nähe liegender Schlösser, Burg Reifenstein, Sprechenstein und die Thumburg waren damals längst prächtige und gepflegte Adelssitze. Zur Zeit der Hochblüte des Silberbergbaus arbeiteten an die 1.000 Bergknappen, vielfach aus Schwaben, in den Gruben der Umgebung. Sie brachten Geld und damit Wohlstand unter die Bewohner der Stadt. Dadurch wurde nicht zuletzt das kulturelle Leben gefördert. Possen- und Passionsspiele wurden aufgeführt und mit diesen entstand unter der Leitung des Bäckersohnes Vigil Raber das erste Volksschauspiel im süddeutschen Raum. Nach einem Großbrand im Jahre 1443 war die Stadt völlig neu aufgebaut worden. Die noch heute bestehende Neustadt mit der malerischen Hauptstraße erinnert daran. Als der Bergbau zurückging, behielt Sterzing nur mehr Bedeutung als Durchzugsort für den Brennerverkehr. Es war Gerichtsort und hatte als Handelsstadt noch immer Zulauf. Während der Freiheitskriege lieferten sich Tiroler und Bayern bei Sterzing erbitterte Gefechte. Bekannt geworden ist vor allem der siegreiche Kampf der Tiroler unter Andreas Hofers Führung am Sterzinger Moos. Mit dem Bau der Brennerbahn 1867 verlor Sterzing allmählich auch seine Bedeutung als Durchgangsstation. Viele Einwohner stellten sich in der Folge auf Landwirtschaft um. Dies wurde durch die Trockenlegung des Sterzinger Mooses 1880 begünstigt. Mit dem Ende des 19. Jahrhunderts begann aber auch der Fremdenverkehr den Bewohnern neue Einnahmequellen zu eröffnen. Nach dem Ende des Ersten Weltkrieges ereilte die rein deutschsprachige Stadt das gleiche Schicksal wie alle Südtiroler Orte. Sterzing wurde zum italienischen Vipiteno. Der Roßkopf wurde mit Aufstiegshilfen erschlossen. Die Bevölkerung ist großteils deutschsprachig. Italienische Minderheiten leben am Brenner, in Gossensaß und Sterzing. Die Bedeutung Sterzings beruht auf seiner Lage zu Füßen des Brennersattels und an der Einmündung großer Seitentäler. In jüngerer Zeit ist seine Stellung als Verkehrsknotenpunkt durch den Bau der Jaufen- und Penser-Joch-Straße und der Brennerautobahn gestiegen. Sterzing ist auch Heimat berühmter Persönlichkeiten wie des Geschützgießers Peter Löffler aus maximilianischer Zeit, des Hofopernsängers Anton und des Burgschauspielers Friedrich Mitterwurzer, des Historikers Josef Hirn, des Dramaturgen Karl Domanig und der Schriftstellerin Maria Domanig, des Führers der Bauernrebellion des Jahres 1525 Michael Gaismair und des Komponisten Baptist Gänsbacher.

Sehenswert im Ort und in der Umgebung

Die **Pfarrkirche** am Deutschhaus, ehemalige Bergknappenkirche, eine der größten Kirchen Tirols, aus dem Kirchlein »St. Maria in Wibetin« 1233 entstanden, 1497 neu ausgebaut (mit römischem Grabstein, in den Nischen Figuren des berühmten »Multscher-Altares« von Meister Multscher aus Ulm, 1456–1458, Apostelbüsten des gleichen Meisters, Sandsteinrelief an einem Seitenaltar von Mathias Stöberl).

Die **St. Peter- und Paulkirche** im Jöchlthurn, 1474 errichtet, 1744 erneuert, gotische Tore, Barockaltar, kelchförmiger Weihwasserstein aus Marmor (15. Jh.), am Seitenportal stark beschädigtes Fresko, Pacher zugeschrieben. **Elisabethkirche**, barock, 18. Jh. (Deckengemälde vom Augsburger Matthäus Günther, Stukkaturen von Feuchtmayr). Das **Rathaus** im Zwölferturm, spätgotisch (1468–1525), eines der schönsten Rathäuser Südtirols – von Hofbaumeister Jörg Kölderer entworfen – mit polygonalem Eckerker, berühmter

Stadtplan Sterzing (948m)

1 Heilig-Geist-Kirche
2 Stadtplatz
3 Zwölferturm
4 Rathaus und Multscher-Museum
5 Jöchlturm
6 Pfarrkirche
Fußgängerzone

Saal mit Lusterweibchen der Lucretia von Jörg Kölderer, historisches Museum, Lichthof, Epitaphien aus der Totenkapelle bei der Pfarrkirche. **Jöchlthurn**, 15. Jh., gotische Schnitzdecke im 2. Stock, eine der schönsten ihrer Art, ehemaliger Ansitz der reichen Gewerkenfamilie Jöchl, seit dem 18. Jh. im Besitz der Grafen Enzenberg. Es beherbergt das Südtiroler Landesbergbaumuseum. Das **Multscher-Museum** im Deutschhaus mit dem berühmten Multscher-Altar (von Mussolini 1940 Göring zum Geschenk gemacht, 1948 an Sterzing zurückgegeben; einige Figuren dieses Altares sind noch in der Pfarrkirche von Sterzing zu sehen). Ebenso im Deutschhaus, der einstigen Kommende des Deutschen Ritterordens, sehenswerte Grafenzimmer mit kulturgeschichtlich wertvollen Darstellungen aus der Stadtgeschichte, Wappen und Marmorgrabsteine. Der **Zwölferturm**, von Sigmund dem Münzreichen 1469 begonnen, heute Wahrzeichen der Stadt mit 1867 aufgesetztem Zinnengiebel und Steinhelm. Der **Mithrasstein** im Innenhof des Rathauses, römischer Altar, aufgefunden in einer Felshöhle bei Mauls mit persischem Sonnengott Mithras, einen Stier opfernd. Das **Nepomuk-Denkmal** (dem Schutzheiligen gegen die häufigen Überschwemmungen geweiht). Schloß **Reifenstein** über Elzenbaum, noch heute mit originaler Einrichtung, um 1140 erbaut (wertvolle Kunstschätze, gotische Stube, »grüner Saal«, Brunnenhof, Fallgitter, Halsgraben, Landsknechtskammern und Landsknechtsküche, Verlies, Folterkammer), im Besitz der Familie Thurn und Taxis. Schloß **Sprechenstein,** vorgeschichtlich besiedelt, Rundturm 1241 erwähnt. Palas 1511 (Erasmuskapelle, restauriert, Fresken von 1515, Wohnraum mit Wandmalereien, 14. Jh.), Besitz der Familie Fürst Auersperg. Die Anwesen **Zantturm** und **Senftenberg** und der **Löwenwirt** in Elzenbaum (Schützenscheibe mit der Sage vom Sterzinger Moos). Die **Thumburg** (zinnenbewehrter Wohnturm, im Innern Getäfel). Schloß **Wolfsthurn** in Mareit. **Knappenkirche St. Magdalena** bei Innerridnaun.

Schloß Wolfsthurn

1 Landshuter Höhenweg: St. Jakob in Pfitsch – Stein – Pfitscher-Joch-Haus, 2.277 m – Landshuter Hütte, 2.693 m

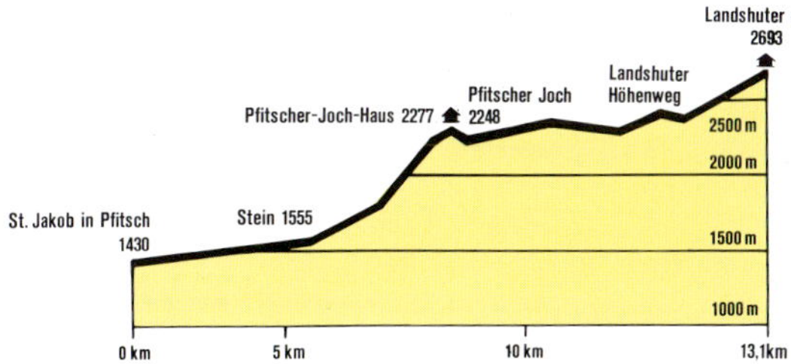

Ausgangspunkt: St. Jakob in Pfitsch, Weiler Stein
Parken: GH »Stein« (nur beschränkter Parkraum!)
Höhenunterschied: 1.130 m

Wanderzeit: 6½ Std.
Schwierigkeitsgrad: mittel!
Einkehr: Pfitscher-Joch-Haus, Landshuter Hütte

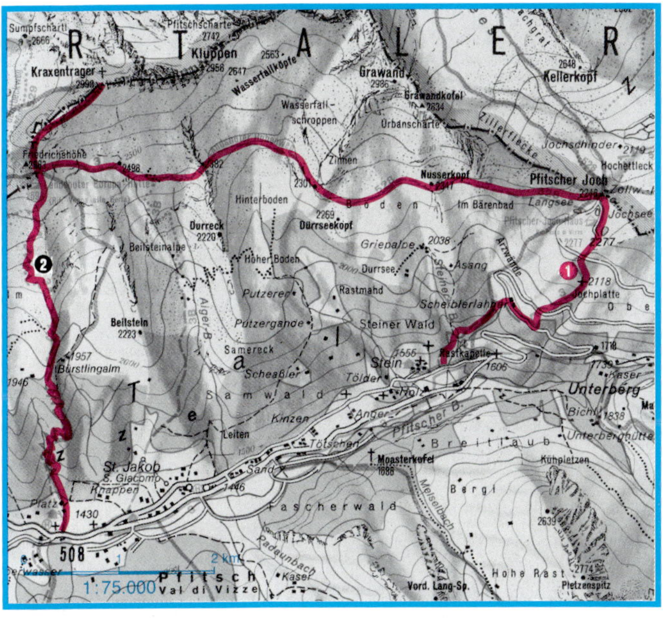

Tourenverlauf: Diese landschaftlich äußerst lohnende Tour kann mit den nachfolgend beschriebenen Touren Nr. 2 und 3 zu einer sehr interessanten 2-Tages-Tour ausgedehnt werden (Nächtigung in der Landshuter Hütte). Wir beginnen die Wanderung beim etwas oberhalb der geschotterten Pfitscher-Joch-Straße gelegenen Gasthof und halten uns an Beschilderung und Markierung 3. Der zuerst noch mäßig steile Wiesensteig führt uns durch den Steiner Wald und über den Steiner Bach; nach einem Rechtsknick über einen weiteren kleinen Bach und dann zur Straße. Kurz darauf diese links verlassend hinauf und nach kurzem steilen Anstieg erreichen wir die Straße erneut. Nun ein kurzes Stück dieser entlang aufwärts und über einen weiteren steilen Steig hinauf, über welchen wir einen langen Straßenbogen taleinwärts abkürzen. Im obersten Bereich nochmals kurz über die Straße und dann wieder rechts ab, worauf wir nach kurzer Zeit bereits das Pfitscher-Joch-Haus mit dem etwas tiefer gelegenen, kleinen See erreichen. Hier nun 5 Min. hinab zum Pfitscher Joch (Staatsgrenze) mit herrlichem Blick zur Gletscherzunge des Stampflkees. Hier nun links ab auf den mit 528 beschilderten »Landshuter Höhenweg«, vorerst vorbei an einigen romantisch gelegenen kleinen Hochgebirgsseen. Dieser Weg führt nun gut bezeichnet über Blockwerk und kleine Geröllhalden in mittlerem bis mäßigem Anstieg unter den Hängen von Grawand, Kluppen und Kraxentrager hinauf zur direkt an der Grenze gelegenen Landshuter Hütte.

2 Bergtour: St. Jakob in Pfitsch/Platz – Landshuter Hütte, 2.693 m – Kraxentrager, 2.998 m

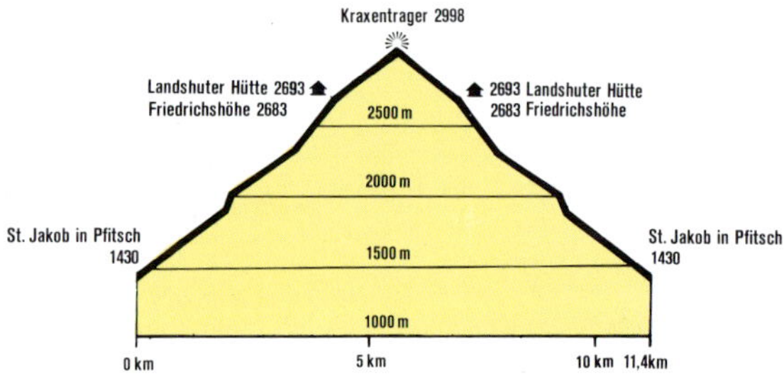

Ausgangspunkt: St. Jakob in Pfitsch
Parken: bei beschilderter Abzweigung »Landshuter Hütte«
Höhenunterschied: 1.570 m
Wanderzeit: 5 Std.

Schwierigkeitsgrad: schwer! nur für Geübte!
Einkehr: Landshuter Hütte
Karte: siehe Seite 27

Tourenverlauf: Von der Pfitschertalstraße nordwärts abzweigend beginnen wir diese Tour über die zuerst asphaltierte Straße bergwärts und folgen der Markierung Nr. 3 A. Über einen schmäler werdenden Weg nun teilweise im Zick-Zack hinauf durch den Wald, der sich nach etwa 1½ Std. Aufstieg lichtet. Mit steigender Höhe geht der Almsteig in einen mit Schrofen und Blockwerk übersäten Weg über. Westseitig unterhalb eines Rückens nun in kleinen Serpentinen steil hinauf wird nach etwa 3½ Std. die Landshuter Hütte erreicht. Nach Rast und Einkehr wenden wir uns nun dem in nordöstl. Richtung gelegenen Felskamm zu und folgen der Markierung. Zuerst unschwierig, dann drahtseilgesichert und leicht ausgesetzt (stellenweise Schwierigkeitsgrad I) nähern wir uns teils am Kamm, teils südwestwärts unterhalb dem Gipfel. Nach einem kurzen Abwärtsstück und dann steil über felsiges Gelände hinauf wird dieser nach ca. 1¼ Std. von der Hütte ab erreicht. Traumhafte Aussicht bei klarem Wetter lohnt die Mühe des Aufstiegs. Abstieg wie Aufstieg bzw. Kombination mit Touren Nr. 1 und 3.

3 **Bergwanderung:** St. Jakob in Pfitsch/Platz – Landshuter Hütte, 2.693 m – Wildseespitze, 2.733 m

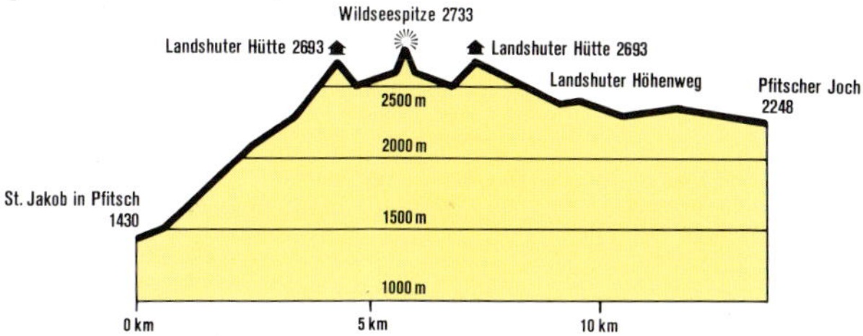

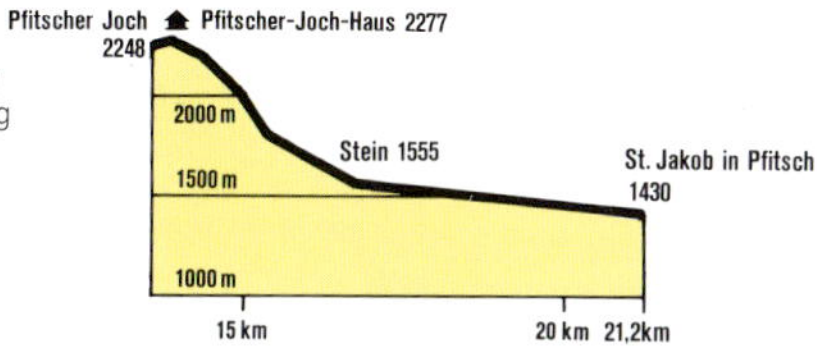

Ausgangspunkt: St. Jakob in Pfitsch
Parken: bei beschilderter Abzweigung »Landshuter Hütte«
Höhenunterschied: 1.300 m
Wanderzeit: 4½ Std.
Schwierigkeitsgrad: mittel!
Einkehr: Landshuter Hütte
Karte: Fortsetzung siehe Seite 27

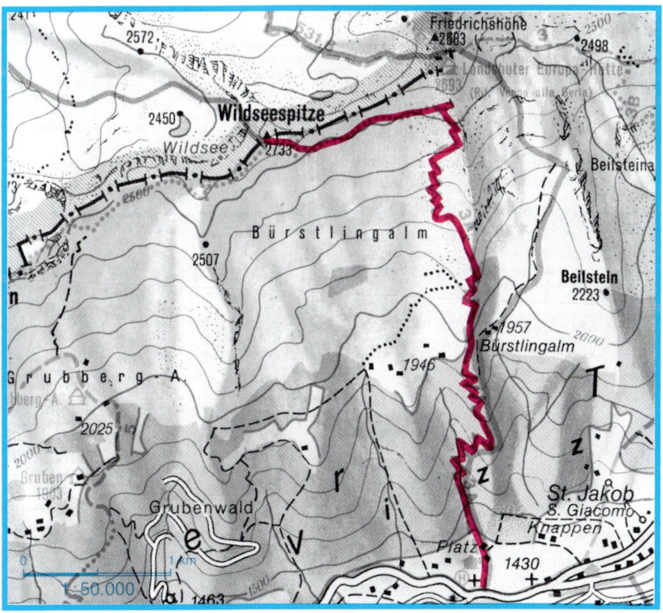

Tourenverlauf: Diese Route sollte als Alternative zu Tour Nr. 2 gelten, da der Aufstieg zum Kraxentrager ab der Landshuter Hütte doch ein gewisses Maß an Bergerfahrung, Trittsicherheit und Schwindelfreiheit erfordert. Die hier angepeilte Wildseespitze ist zwar gut 200 m weniger hoch, die Aussicht hinein in Zillertaler und Stubaier Alpen jedoch ebenso lohnend. Die Tour beginnen wir wie bei Tour Nr. 2 in Platz und steigen wie vorhin beschrieben zur Landshuter Hütte auf. Nach gemütlicher Rast nun wieder ein Stück über den mit 3 markierten Steig zurück und dann in westlicher Richtung unterhalb des Hauptkammes. Nach ca. 25 Minuten zweigt rechts ein kleiner Steig ab. Hier nun wieder in mittlerer Steigung hinauf; nach kurzem Anstieg wird der bereits vorher erkennbare Gipfel erreicht. Abstieg wie Aufstieg bzw. nur zurück zur Landshuter Hütte und über den Höhenweg (siehe Tour Nr. 1) zum Pfitscher Joch und talwärts zum Ausgangspunkt.

4 **Bergtour** (2-Tages-Tour): Stein – Hochfeilerhütte, 2.700 m – Hochfeiler, 3.510 m

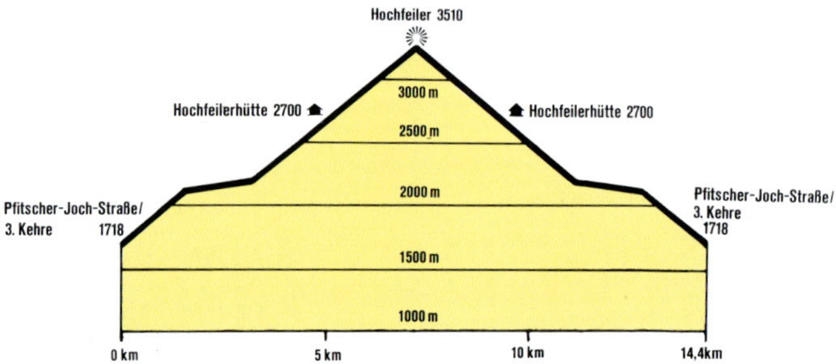

Ausgangspunkt: Stein/Pfitsch
Parken: Pfitscher-Joch-Straße, 3. Kehre
Höhenunterschied: 1.800 m
Wanderzeit: Aufstieg 6 Std., Abstieg 3½ Std.
Schwierigkeitsgrad: nur für Geübte! (Bei gutem Wetter im Spätsommer mittel!)
Einkehr: Hochfeilerhütte

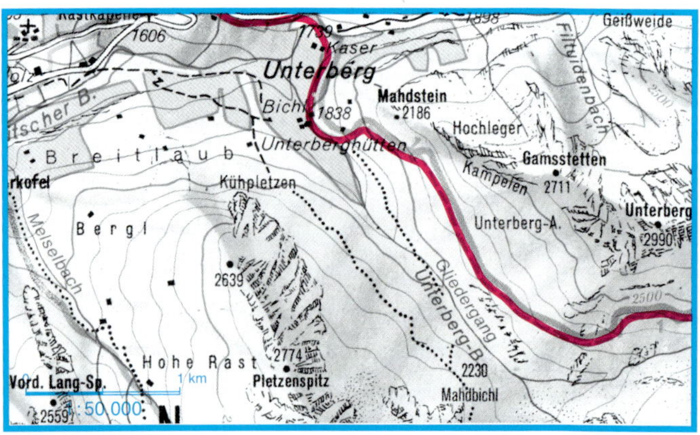

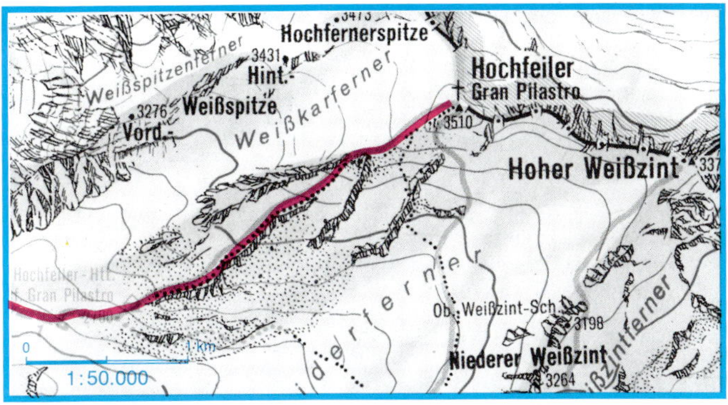

Tourenverlauf: Ab Stein fährt man auf gutem Schotterfahrweg zur Kehre 3 der Pfitscher-Joch-Straße. Unter einigen Bäumen geht es bis zum Schild GM-Biwak, das wir jedoch nicht beachten, sondern kurz darauf rechts den Bach queren. An einer Hütte, am Grasboden vorbei, passieren wir wenig später den Kaser (Heuhütten) und queren nach Verlassen der Waldgrenze den Buschgürtel. Der Weg Nr. 1 gewinnt an Höhe und zieht durch Bergwiesen empor. Nach einer Felszone, die in den Talboden abbricht, gilt es nach Serpentinen auch Bachläufe zu queren. Nach 3 Std. erreichen wir die Hütte, die 1986 an Stelle der ehemaligen Wiener Hütte erbaut wurde. Nach der Nächtigung geht es am gesicherten Steig durch die Felsabbrüche und am breiten, im Sommer schneefreien Kamm problemlos zum Gipfel des Hochfeilers, mit 3.510 m der höchste Punkt der Zillertaler Alpen. Herrliche Aussicht auf den Gliderferner und vom Gipfel auch auf das Möserer Kees belohnen die Anstrengungen. Abstieg am Anstiegsweg.

Pfitscher-Joch-Haus

5 **Bergtour:** Pfitscher Joch, 2.248 m – Rotbachlspitze, 2.895 m

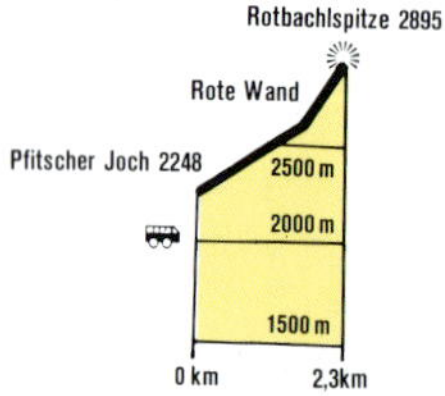

Ausgangspunkt: Pfitscher Joch
Parken: Parkplatz an der Staatsgrenze
Höhenunterschied: 650 m
Wanderzeit: 2½ Std.
Schwierigkeitsgrad: mittel!
Einkehr: Pfitscher-Joch-Haus

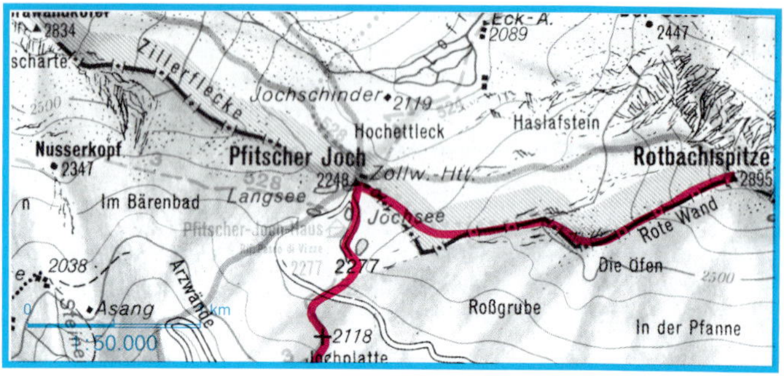

Tourenverlauf: Wer mit einem einigermaßen bergtauglichen Fahrzeug ausgerüstet ist, kann die geschotterte, teilweise etwas ausgewaschene Hochgebirgsstraße bis zur Staatsgrenze am Pfitscher Joch benutzen. Ansonsten ist der in Tour Nr. 1 beschriebene Anstiegsweg von Stein aus zwar etwas mühsam, jedoch durchaus landschaftlich lohnend. Der Aufstieg zum weithin sichtbaren rotbraunen Gipfel der Rotbachlspitze beginnt hinter dem kleinen Zollhäuschen an der Staatsgrenze und führt neben Grenzsteinen über Steigspuren bergwärts, bis wir auf den vom Pfitscher-Joch-Haus kommenden markierten Weg stoßen. Entlang eines Rückens und über Felsgelände und Blockwerk erreichen wir einen kleinen Gipfel, von wo aus sich bereits phantastische Blicke hinüber zu den nordseitigen Gletscherabbrüchen der Hochfernerspitze bieten. Nun über die sog. »Rote Wand«, einem Südwestgrat hinauf. Das Gipfelkreuz bereits ständig im Blickfeld, erreichen wir über Felsen und in Kehren den Gipfel mit seiner umfassenden Rundsicht mit besonders beeindruckenden Blicken auf die Gletscherkappen der Hochfernerspitze.

***Alpines Notsignal: Sechsmal** innerhalb einer Minute in regelmäßigen Zeitabständen ein sichtbares oder hörbares Zeichen geben und hierauf eine Pause von einer Minute eintreten lassen. Das gleiche wird wiederholt, bis Antwort erfolgt.*

***Antwort:** Innerhalb einer Minute wird **dreimal** in regelmäßigen Zeitabständen ein sichtbares oder hörbares Zeichen gegeben.*

❻ **Bergtour:** Burgum – Sterzinger Hütte, 2.344 m – Wilde Kreuzspitze, 3.132 m

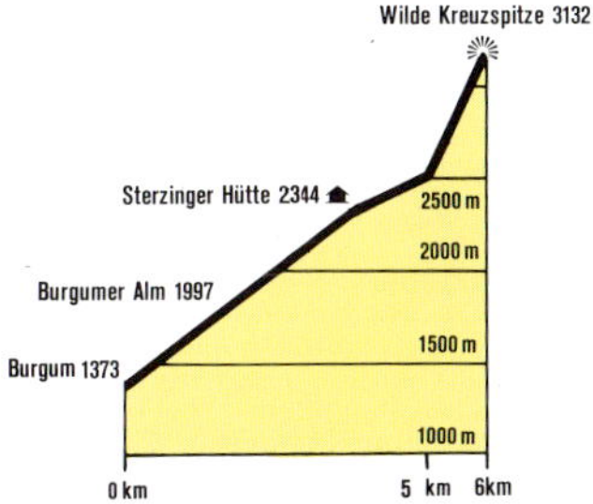

Ausgangspunkt: Burgum
Parken: entlang der Pfitscher-Tal-Straße beim Weiler Burgum
Höhenunterschied: 1.760 m
Wanderzeit: 5½ Std.
Schwierigkeitsgrad: schwer! nur für Geübte!
Einkehr: Sterzinger Hütte

Tourenverlauf: Zweifellos handelt es sich bei dieser Route um eine der lohnendsten Touren in diesem Gebiet; Hin- und Rückweg als Tagestour erfordern jedoch ein beträchtliches Maß an Kondition und Bergerfahrung. In Burgum, einem Weiler mit einigen wenigen Gehöften, folgen wir dem deutlichen Schild »Sterzinger Hütte« und steigen nach Passieren der Häuser entlang eines kleinen Baches rechtsseitig über einen zuerst mäßig steilen, dann mehr und mehr ansteigenden Weg hinauf. Nach einer guten halben Stunde passieren wir die »Tropfstein-Quellen« (Schild); etwas später wird der Bach überquert. Der Weg entfernt sich darauf etwas vom Bach, mit steigender Höhe wird auch der Blick zu den nordseitig gelegenen Gipfeln eindrucksvoller. Der Wald lichtet sich und wir wandern über Almgelände bergwärts. Auf Höhe der Burgumer Alm erblicken wir bereits deutlich vor uns den Gipfel der Wilden Kreuzspitze. Am Bergfuß von Großberg und Burgum ansteigend erreichen wir nach knapp 2¾ Std. die Sterzinger Hütte. Von der Hütte nun in östlicher Richtung hinauf in ca. 1 Stunde bis zu einer Wegteilung. Hier rechts weiter hinauf zum Südgrat der Wilden Kreuzspitze. Das letzte Stück nun immer der Markierung folgend in interessantem, aber nicht ganz ungefährlichem (vor allem im Frühjahr) Felsaufstieg zum Gipfelkreuz.

7 **Bergtour:** Kematen – Flatschjöchl, 2.395 m – Wolfendorn, 2.776 m

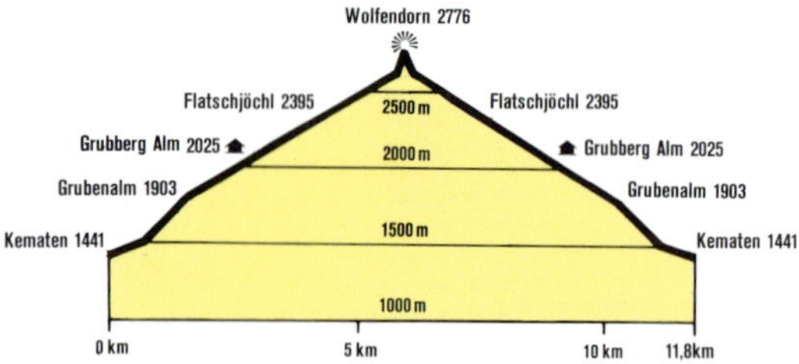

Ausgangspunkt: Kematen im Pfitscher Tal
Parken: im Ort
Höhenunterschied: 1.335 m

Wanderzeit: 4½ Std.
Schwierigkeitsgrad: mittel!
Einkehr: Grubberg Alm

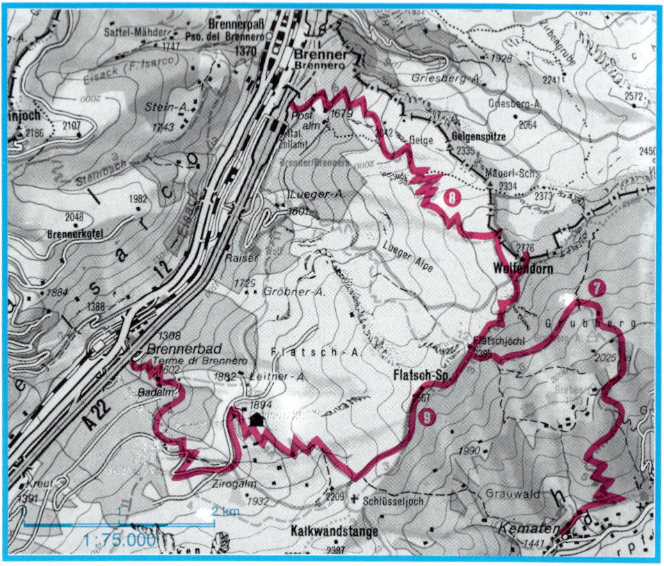

Tourenverlauf: In Kematen im Pfitscher Tal beginnt diese Tour mit dem Weg, der rechts an der Kirche vorbei bergwärts führt (Schild) und die Markierung 5 trägt. Über einen Fahrweg und den Bach überquerend zuerst mäßig hinauf. Später über Kehren steil in den Wald hinauf. Später nun wieder in mäßigerer Steigung nordostwärts, dann weiter, einen fast ausgetrockneten Almtümpel passierend hinauf zur Grubenalm. Nun zum Teil über ehemalige Militärwege hinauf zur Grubberg-Alm; welche wegen ihrer Aussicht nach Süden hin zum Rasten und Verweilen einlädt. Dem Weg nun weiter Richtung Nordwesten, später nach Westen folgend, zeitweise mit herrlichem Tiefblick ins Pfitscher Tal. Unschwierig nun hinauf zum Flatschjöchl mit Panoramablick auf die Stubaier Alpen. Auf den Wolfendorn nun weiter über den nun in nordöstlicher Richtung verlaufenden Hauptkamm; identisch mit der Beschreibung in Tour Nr. 8. Die Tour Nr. 8 kann auch in Kombination mit der eben beschriebenen Route als Abstieg verwendet werden; die Verbindung mit öffentlichen Verkehrsmitteln zurück ins Pfitscher Tal ist etwas mäßig und muß vorher geplant werden. Ansonsten Abstieg wie Aufstieg.

8 **Bergtour:** Brenner – Wolfendorn, 2.776 m

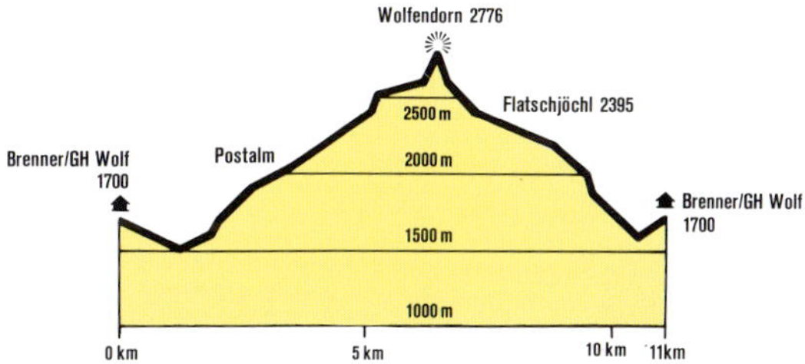

Ausgangspunkt: Brenner
Parken: GH Wolf
Höhenunterschied: 1.400 m
Wanderzeit: 8 Std.

Schwierigkeitsgrad: mittel!
Einkehr: GH Wolf
Karte: siehe Seite 34

Tourenverlauf: Der ausdauernde Wanderer findet mit dieser Route eine anspruchsvolle Gipfelwanderung vor; Auf- und Abstieg bieten in beliebiger Richtung durchgeführt ein eindrucksvolles Wandererlebnis. Vom GH Wolf nach Norden in einer knappen Stunde leicht bis zur Postalm. Hier nun über den Weg Nr. 5 rechts ab und auf teilweise steilem Weg hinauf zum Südausläufer der Geige. Hier dann rechts in eine Senke und dann wieder weiter zum Teil über Serpentinen und Schrofen hinauf zum Verbindungskamm zwischen Flatschspitze und Wolfendorn. Über diesen Kamm nun in einer guten halben Stunde hinauf zum Gipfel mit teilweise beeindruckender Rundschau über Zillertaler und Stubaier Alpen. Nun wieder zurück über den Südkamm und über kurvenreichen Weg hinunter zum Flatschjöchl. Hier nun zwei Abstiegsvarianten: Entweder hier nach rechts talwärts zur Luegeralm und über einen Fahrweg zurück zum GH Wolf. Für Konditionsstarke unter Hinzurechnung von etwas mehr als einer Stunde Wanderzeit weiter nach Süden über die Flatschspitze zum Schlüsseljoch und über Enzianhütte oder Zirogalm hinunter zum Brennerbad und über ein Stück Brennerstraße zurück zum GH Wolf. Von der Enzianhütte führt ebenfalls ein Wandersteig talwärts zum GH Wolf.

9 **Wanderung:** Brennerbad – Schlüsseljoch, 2.209 m – Flatschspitze, 2.567 m

Ausgangspunkt: Brenner
Parken: Brennerbad
Höhenunterschied: 1.260 m
Wanderzeit: 4½ Std.

Schwierigkeitsgrad: mittel!
Einkehr: Enzianhütte
Karte: siehe Seite 34

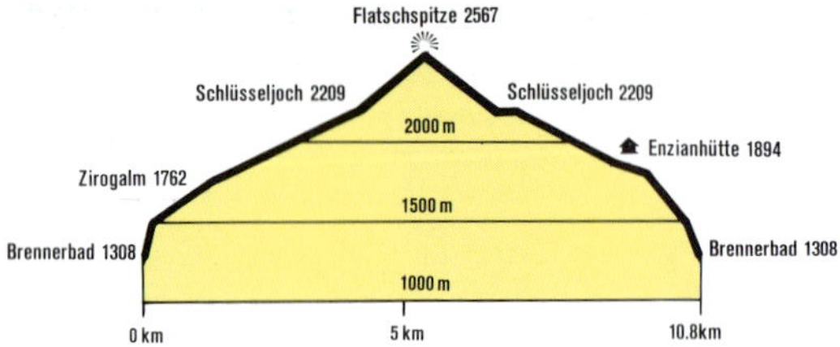

Tourenverlauf: Kurz südlich des Brennerbades beginnt diese Wanderung am Weg mit der Markierung 4, welcher unter der Autobahn hindurchführt und in zahlreichen Windungen durch den Wald hinauf zur Badalm führt. Bald danach Wegteilung und Weiterwanderung nach rechts über ein Stück Forststraße und dann hinauf zur unbewirtschafteten Zirogalm. Nun entlang einer Militärstraße bergan und später über Almsteig (Weg Nr. 4) weiter über die Hänge der Zirogalm aufwärts; im letzten Abschnitt stoßen wir wieder zum Schotterweg, welcher von der Enzianhütte heraufführt. Kurz darauf ist das Schlüsseljoch erreicht, welches bereits umfassende Rundsicht bietet. Nun führt der Weiterweg nach Norden hinter dem kleinen Kreuz vorbei. Auf deutlichem Almsteig nun weiter nordwärts um einen Almrücken und dann über den relativ schmalen Kammrücken ohne größere Schwierigkeiten zum aussichtsreichen Gipfel. Als Abstiegsvarianten stehen entweder wie bei Tour Nr. 8 der Weiterweg nach Norden übers Flatschjöchl hinunter zum GH Wolf oder der Aufstiegsweg mit Variante über die Enzianhütte zur Verfügung.

10 **Bergtour:** Sterzing/Braunhof, 1.340 m – Saun, 2.085 m – Riedspitze, 2.498 m – Weißspitze, 2.716 m – Saun, 2.085 m – Sterzing/Braunhof, 1.340 m

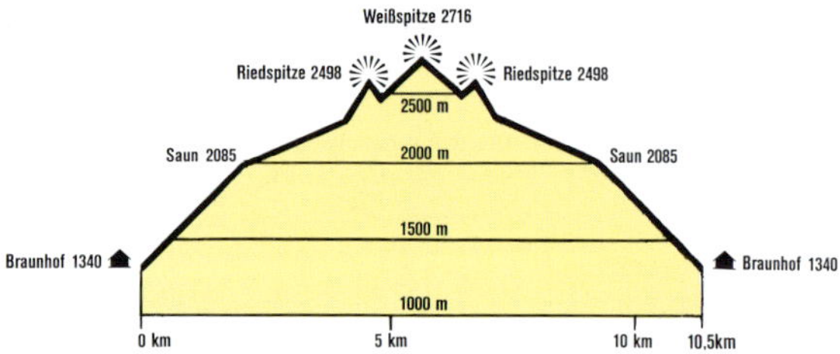

Ausgangspunkt: Sterzing/Braunhof
Parken: beim Braunhof
Höhenunterschied: 1.376 m

Wanderzeit: ca. 5½ Std.
Schwierigkeitsgrad: mittel!
Einkehr: Braunhof

Tourenverlauf: Wie bei Wanderung 17 beschrieben, erreichen wir über Almwiesen den 2.085 m hohen Saun. Gemütlich ansteigend, immer am Weg Nr. 18 bleibend, gelangen wir zur Riedspitze, 2.498 m, und kurz darauf zur Bairnock-Spitze, 2.613 m. Nordwärts weiter und nach ¼ Stunde stehen wir am Gipfel der Weißspitze, 2.716 m. Zur Belohnung für die anstrengende Bergtour genießen wir die herrliche Aussicht auf

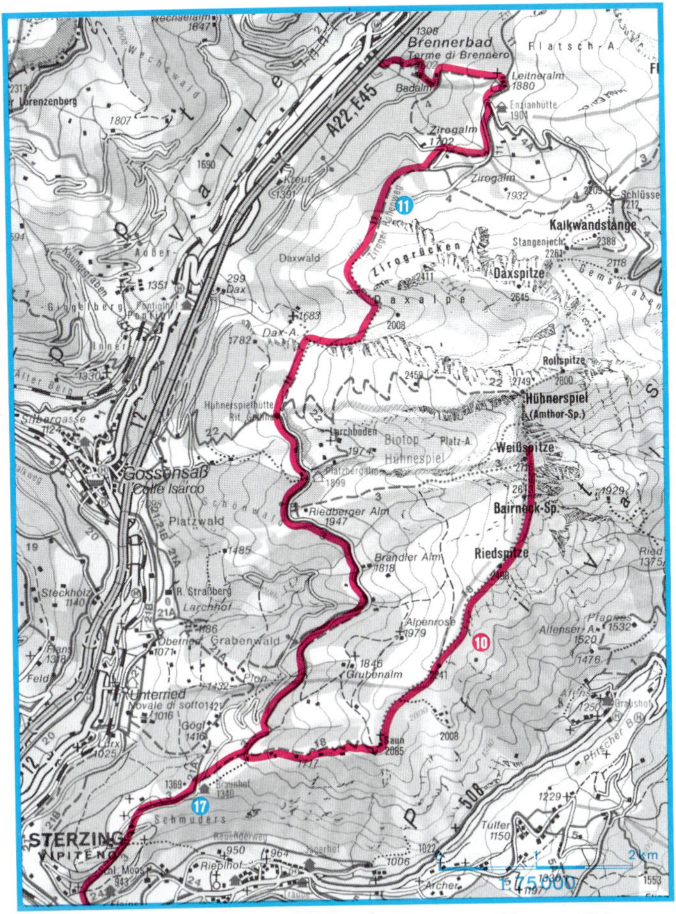

die Zillertaler Alpen im Nordwesten. Nach der wohlverdienten Rast kehren wir am Anstiegsweg wieder zum Ausgangspunkt zurück.

Blick über die Dächer Sterzings

11 **Wanderung:** Brenner – Hühnerspielhütte, 1.868 m – Sterzing

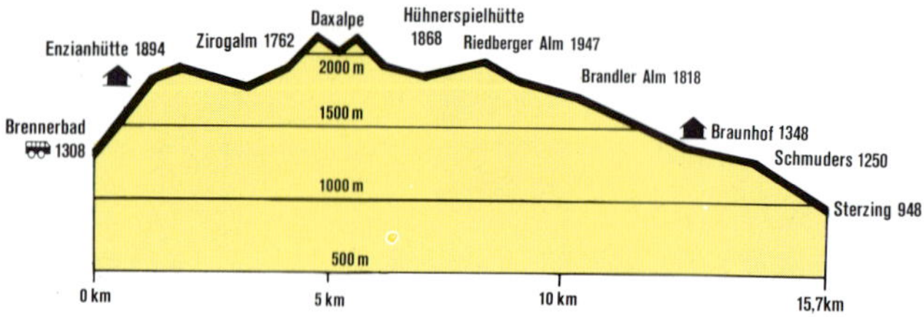

Ausgangspunkt: Brenner
Parken: Brennerbad
Höhenunterschied: 700 m
Wanderzeit: 5½ Std.

Schwierigkeitsgrad: leicht!
Einkehr: Enzianhütte, Braunhof
Karte: siehe Seite 37

Tourenverlauf: Von Brennerbad aus unter der Autobahn durch, auf gut bezeichnetem Steig hinauf, größtenteils durch Wald zur aussichtsreich gelegenen Enzianhütte. Mitten durch die weitläufige Almlandschaft rund um die Enzianhütte führt ein geschottertes Militärsträßchen, welches über das Schlüsseljoch führend das Eisacktal mit dem Pfitscher Tal verbindet. Diesem Sträßchen entlang wandern wir nun ca. 15 Min. talwärts und wir gelangen zur unbewirtschafteten Zirogalm. Kurz unterhalb des Forstschrankens an der Straße zweigen wir links ab (an einem Felsen Markierung 11) und steigen über einen schmäleren Steig in den Wald hinauf. In gemütlicher Wanderung nun aufsteigend am Fuß der bizarren Felsgebilde des Zirogrückens vorbei und dann in wechselndem Auf- und Abstieg hinüber zur Daxalpe. Nun westwärts absteigend zu einer Weggabelung. Hier nicht nach rechts zur Daxalm, sondern weiter auf Weg Nr. 11 südwärts zur unbewirtschafteten Hühnerspielhütte. Der Weiterweg verläuft nun einfach und mühelos über die Zufahrtsstraße, die nun über die Platzalm, die Riedberger Alm und die Brandler Alm zum Braunhof führt. Hier nun weiter über Schmuders zuerst entlang der Straße, später über Weg 3 hinunter zum Sterzinger Bahnhof und in den Ort.

12 **Wanderung:** Gossensaß – Pflerschtal – Ladurnser Alm, 1.724 m – Edelweißhütte, 1.982 m

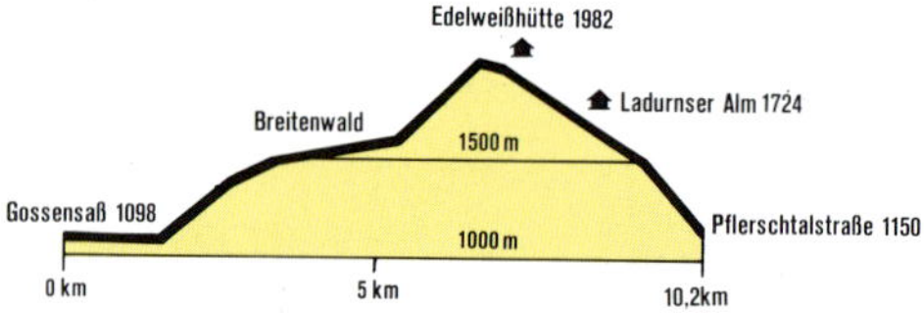

Ausgangspunkt: Gossensaß
Parken: im Ort
Höhenunterschied: 900 m

Wanderzeit: 3½ Std.
Schwierigkeitsgrad: leicht!
Einkehr: Ladurnser Alm, Edelweißhütte

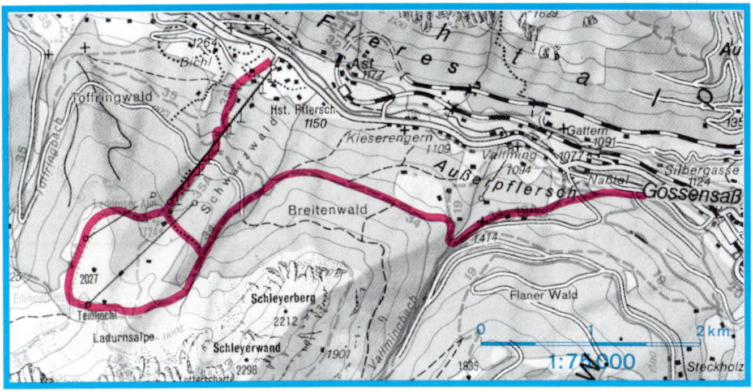

Tourenverlauf: In Gossensaß halten wir uns zuerst entlang der Straße, die ins Pflerschtal führt. Wir überqueren die Bahn und spazieren rechts an der Pension »Florian« vorbei zum Sportplatz und überqueren über eine Brücke den Pflerschbach. Hier nun rechts ab entlang eines gepflegten Spazierweges mit Fitneßstrecke taleinwärts, zuerst stets am Bach entlang. Nach ca. 10 Minuten verlassen wir den Promenadenweg links abzweigend und halten uns an die Markierung 19A, wo wir nun in ständigem Anstieg durch Wald aufwärts steigen. Im Vallminggraben überqueren wir den Bach und folgen nun dem Weg Nr. 34 ohne besonderen Höhenunterschied bis zu einem weiteren Graben mit Bach. Hier nun steil ansteigend hinauf zur inmitten

Pflerscher Tribulaun, 3.096 m

eines Alm- und Schigeländes gelegenen Edelweißhütte mit imposantem Blick auf den gegenüberliegenden Pflerscher Tribulaun. Über Schipiste und Schlepplifttrasse nun hinunter zur Schihütte der Ladurnser Alm. Teilweise entlang der Sessellifttrasse kann von hier aus der Abstieg zur Pflerschtalstraße erfolgen; ansonsten von diesem Abstiegsweg abzweigend wieder über Weg 34 zurück nach Gossensaß.

13 Bergwanderung: Innerpflersch – Tribulaunhütte, 2.373 m – Hoher Zahn, 2.925 m – Stein

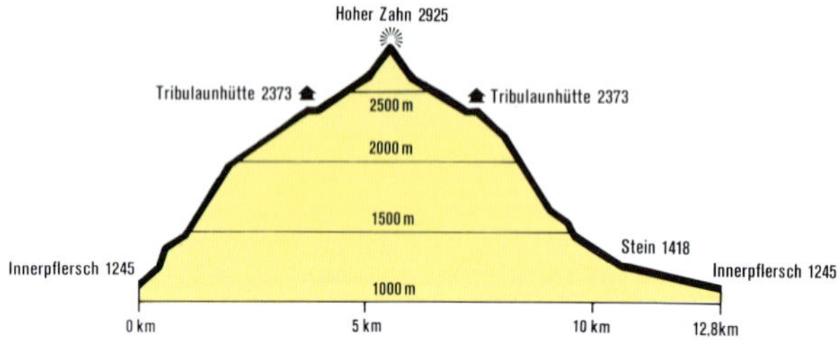

Ausgangspunkt: Innerpflersch
Parken: bei der Kirche
Höhenunterschied: zur Hütte 1.138 m, zum Gipfel 1.680 m

Wanderzeit: Aufstieg zur Hütte 2½ Std., zum Gipfel 5 Std.; Abstieg 2 bzw. 4 Std.
Schwierigkeitsgrad: mittel!
Einkehr: Tribulaunhütte

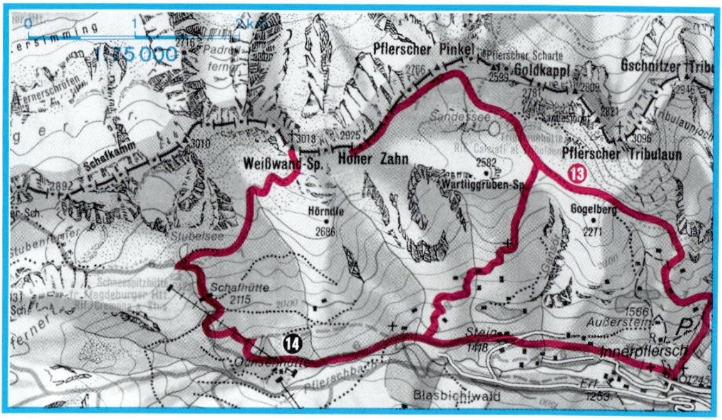

Tourenverlauf: Von der Kirche in Innerpflersch folgen wir der Markierung 7 steil bergan (schöne Rückblicke auf den Ort). Über Weideböden und durch Buschwerk erreichen wir nach ¾ Std. die Abzweigung zur Tribulaunhütte und müssen daher den Bach queren. Unser Steig zieht durch Buschwerk hinauf bis an den Fuß der Felsen (2 Std. ab), wo wir in den Pflerscher Höhenweg einmünden. Wo die Kalkfelsen des Pflerscher Tribulauns aus dem Urgestein wachsen, verläuft unser Weg nach Westen, immer am Fuß der Felsen entlang. Durch blumenreiche Wiesen führt das Steiglein hinauf zum Kamm, den der Tribulaun zum Gogelberg aussendet. Wenig später müssen

wir eine breite Schuttreise aus Kalkgestein queren, ehe wir auf einem Fels »T. H.« und auf einem Stein »10 Min.« lesen. Nun ist es nicht mehr weit zum einladenden Schutzhaus. Es lohnt sich auch eine Rast am herrlichen Sandessee, zum Baden ist er jedoch zu kalt.
Wer nach einem Gipfel Ausschau hält und dem der Pflerscher Tribulaun, 3.096 m, zu schwierig ist (III, nur mit Seil und Bergführer), sollte den Hohen Zahn, 2.925 m, anpeilen. Dort, wo beim Weiterweg zur Pflerscher Scharte die Hütte gerade noch sichtbar ist, zweigt man beim Hinweis »Cremonahütte« links ab und folgt dem Steig über Steintreppen an den Fuß des Pflerscher Pinkels (Urgesteinsberg). Bald geht es an einem See vorbei (eindrucksvoller Rückblick auf das Goldkappl und den Felsturm des Tribulaun). Der gut gesetzten Markierung nach erreicht man den Kamm und genießt den Blick hinunter in das Gschnitztal mit dem Habicht. Im großen Bogen nach Süden erklimmt man (Steinstufen) den südlichen Kamm mit dem Steinmann. Nun geht es direkt dem Hohen Zahn entgegen, der als einmaliger Aussichtsberg anzusehen ist. Im Westen steht die Weißwandspitze, 3.018 m (Kalkgipfel), vor den östlichen Stubaier Alpen mit dem Feuersteinferner. Der Abstieg zur Hütte erfolgt am Anstiegsweg.
Von der Tribulaunhütte geht es bis zum Schuttkegel bergab. Nun wenden wir uns rechts und springen in weiten Serpentinen talwärts. Begleitet von Trollblumen und dem Rauschen des Wassers erreichen wir den Vorsprung des Kamms, wo sich ein Marterl befindet, das 1977 errichtet wurde. (Einige Meter weiter am Kamm bietet sich ein Tiefblick auf Boden). Nun beginnt der verwachsene Teil des Weges. Durch Buschwerk geht es weiter, bis kurz vor dem Bach (Wasserfall) nach links abgestiegen werden kann. Im Frühsommer kann man die Lawinenreste über dem Bach zum schnelleren Abstieg nutzen. Wo der Weg abermals quert, wenden wir uns rechts und erreichen an der Waldgrenze eine Blechtafel »8« und darüber, auf einem Stein, einen weißen Pfeil. Nur wenige Meter weiter stehen zwei Heuhütten. Wir gehen die Serpentinen des Weges aus und betreten die Wiesen. Bald darauf stoßen wir auf einen Zaun (gegenüber Parkplatz). Hier wenden wir uns nach links und spazieren über den Weiler Stein in ½ Std. nach Innerpflersch zurück.

Eine Bitte: Nimm Deine Abfälle wieder mit nach Hause

⓮ **Bergtour:** Stein – Schneespitzhütte/Magdeburger Hütte, 2.423 m – Weißwandspitze, 3.018 m

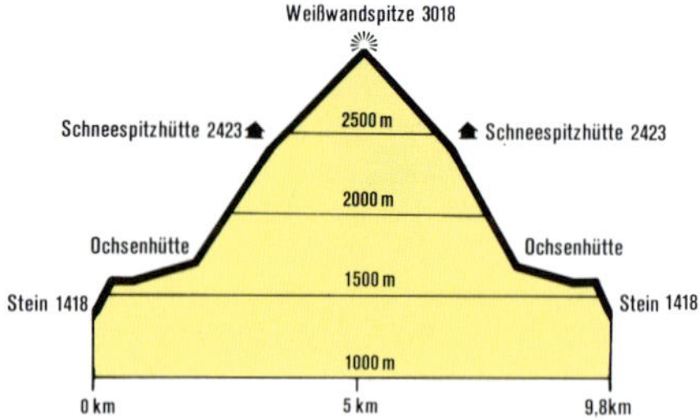

Ausgangspunkt: Stein
Parken: Parkplatz Schneespitzhütte und Tribulaunhütte
4 km von der Abzweigung vor Innerpflersch
Höhenunterschied: zur Hütte 983 m, zum Gipfel 1.578 m

Wanderzeit: Aufstieg zur Hütte 2½ Std., zum Gipfel 5½ Std.; Abstieg 4 bzw. 1½ Std.
Schwierigkeitsgrad: zur Hütte leicht! zum Gipfel nur für Geübte!
Einkehr: Schneespitzhütte
Karte: siehe Seite 40

Tourenverlauf: Vor Innerpflersch zweigt vor der Brücke eine Schotterstraße links ab (Wegweiser Schneespitzhütte, Tribulaunhütte), auf der man noch vier Kilometer bis zum Parkplatz anfahren kann. Vom Parkplatz wenige Schritte bergab queren wir den Bach und steigen dann gleich links über die Wiese hinauf zum Weg. Nach 5 Minuten entscheiden wir uns beim Wegweiser für die Nr. 6 und spazieren am großteils mit Steinplatten ausgelegten Weg in den Talschluß. Weit links erblicken wir die Talstation der Materialseilbahn, wo auch der Fahrweg endet. Wir gehen oberhalb der Ochsenhütte vorbei und steigen in Serpentinen zur Waldgrenze und später bis an den Fuß der Felswand hinauf. Ein Durchlaß vermittelt den Weiterweg hinauf an den Bach und rechts hinüber zu den Schafställen. Hier hat man die Weghälfte bereits hinter sich und auch Zeit zum Betrachten der Gletscherzunge des Feuersteinferners. Durch Wiesen und Gelänerippen setzen wir den Anstieg fort. Nach der Abzweigung stehen wir überraschend vor dem zusehends verlandenden Stubeisee und nur wenige Schritte später vor der einladenden **Schneespitzhütte/Magdeburger Hütte. Diese 1886 vom DAV und ÖAV erbaute Hütte wurde 1918 von der Sektion Sterzing übernommen und ist der beste Stützpunkt in den östlichen Stubaier Alpen (Feuerstein, 3.267 m, 3 Std.; Schneespitze, 3.172 m, 2 Std.)**
Der Anstieg zur Weißwandspitze, 3.018 m, führt beim Stubeisee links (Mark. 7) und nach dem Rücken in das felsige Hochtal. Dort, wo sich heller Kalkfels in die Gesteinstrümmer mischt, müssen wir steil ansteigen. 1½ Std. (ab Hütte) queren wir beim wasserüberronnenen Fels nach rechts (schlechte Seilsicherung) und nähern uns der geologischen Grenze zwischen Urgestein und Kalk (2.700 m). Plötzlich steht der gewaltige Turm des Tribulauns vor uns! Hier biegen wir links zum Gipfelanstieg ab. Über den splittrigen hellen Fels steigen wir (Eisenstangen, Seilsicherungen) in ½ Std. dem Gipfel entgegen. Der Abstieg erfolgt am Anstiegsweg über die Schneespitzhütte. Als Variante bietet sich der Abstieg zum oben erwähnten »Tribulaunblick« an. Von dort quert man an der Grenze zwischen Kalk und

Urgestein zur Scharte (Tiefblick auf die Laponisalm im Gschnitztal) und über den breiten Rücken auf den Hohen Zahn (½ Std.). Von dort steigt man in 4 Std. über die Tribulaunhütte zum Parkplatz ab (siehe Tour Nr. 13).

15 **Bergwanderung:** Sterzing – Roßkopf, 2.189 m – Raminges

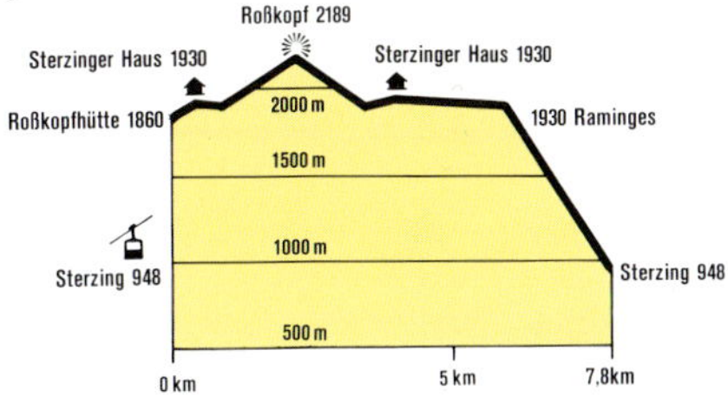

Ausgangspunkt: Sterzing
Parken: Talstation Seilbahn
Höhenunterschied: 330 m Aufstieg, 1.240 m Abstieg

Wanderzeit: Aufstieg 1 Std., Abstieg 3 Std.
Schwierigkeitsgrad: mittel!
Einkehr: Sterzinger Haus, Furlhütte

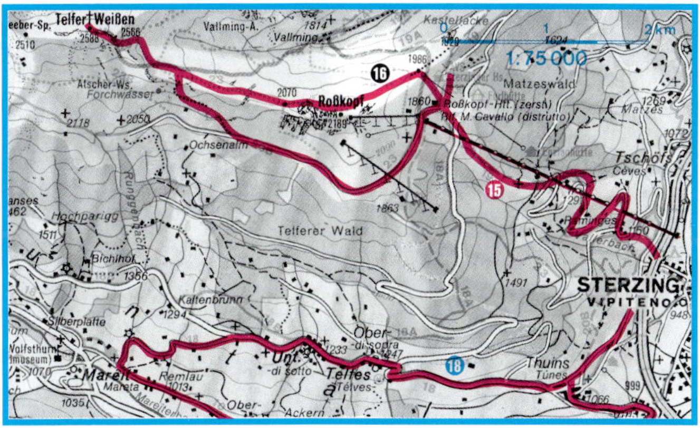

Tourenverlauf: Von der Bergstation der Seilbahn folgen wir dem Wegweiser zum Sterzinger Haus. Wenige Schritte vom Restaurant verläßt man den westwärts ziehenden Steig und steigt am Zaun rechts aufwärts. Am Starthaus der Skirennläufer vorbei erreichen wir den jäh nach Norden abfallenden Kamm. Arnika und Almrosen begleiten uns bis zum kleinen Sattel vor dem Gipfel. Die letzten Meter führen steil auf die Kuppe, Markierung 24. Besonders eindrucksvoll ist der Tiefblick zu den Hütten der Vallmingalm. Beim Abstieg nehmen wir wieder den Weg bis zur Roßkopfhütte und bleiben dann der Markierung 19 treu, die sich an die Skiabfahrt hält. Nach dem ersten Wegdrittel stoßen wir auf eine Straße, deren Kehren wir links am Waldweg abkürzen. Gleich darauf wandern wir über Wiesen dem Weiler Raminges zu, unterqueren später die Autobahn und wenden uns dem Parkplatz bei der Seilbahn zu.

16 **Bergtour:** Sterzing – Roßkopf, 2.189 m – Telfer Weißen, 2.588 m

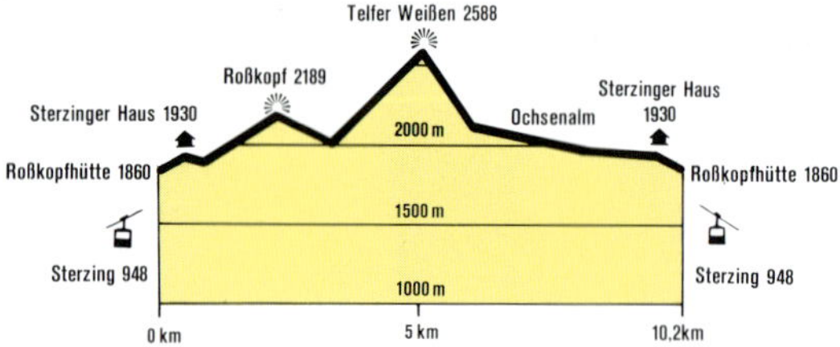

Ausgangspunkt: Sterzing
Parken: Talstation Seilbahn
Höhenunterschied: 840 m
Wanderzeit: Aufstieg 3 Std., Abstieg 2 Std.
Schwierigkeitsgrad: nur für Geübte!
Einkehr: Sterzinger Haus, Furlhütte
Karte: siehe Seite 43

Tourenverlauf: Wie bei Tour Nr. 15 beschrieben erreichen wir den Roßkopf und steigen auf dem Pfad westwärts hinab. Der bisweilen ausgesetzte Steig hält sich an den Kammverlauf und zieht in das weite Kar der Vallmingalmen hinein. Nach 1½ Std. (ab Roßkopf) zweigen wir links ab (der Weiterweg zieht über die Lotterscharte nach Ladurns) und suchen die Markierungen im Felsgewirr des Telfer Weißen, dessen Gipfel aus Kalk aufgebaut ist. Die letzten Minuten zum Gipfel bieten unvergeßliche Ausblicke auf den Alpenhauptkamm (Tribulaungruppe und Stubaier Alpen). Der Rückweg erfolgt vorerst am bekannten Steig bis zum Kamm. Dort gehen wir aber hinunter zur Ochsenalm und benützen den bequemen Weg durch die Weidegründe zurück zum Sterzinger Haus. Mit der Seilbahn kehrt man ins Tal zurück.

17 **Bergwanderung:** Sterzing/Braunhof, 1.340 m – Saun, 2.085 m – Sterzing/Braunhof, 1.340 m

Ausgangspunkt: Sterzing/Braunhof
Parken: beim Braunhof
Höhenunterschied: 720 m
Wanderzeit: 2 Std.
Schwierigkeitsgrad: leicht!
Einkehr: Braunhof
Karte: siehe Seite 37

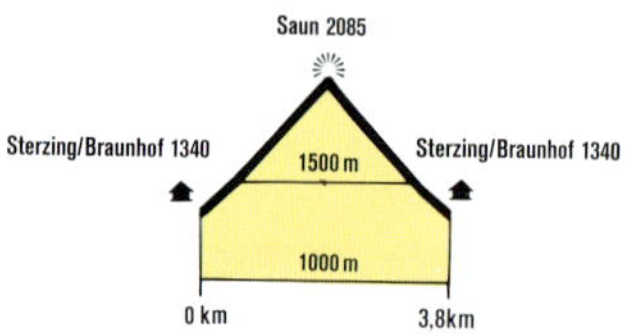

Tourenverlauf: Befindet man sich im Sterzinger Talbecken, so fällt der Saun als äußerster Ausläufer des Tuxer Kammes mit seinem Gipfelkreuz auf; man kann hier mit Recht einen guten Aussichtsplatz vermuten.
Unser Ausgangspunkt ist von Sterzing aus über eine schmale Asphaltstraße erreichbar, die von der Pfitscher-Tal-Straße ca. 1,5 km außerhalb von Sterzing beim Schloß Moos abzweigt. Vom Gasthaus Braunhof aus nun ein kurzes Stück der Asphaltstraße entlang aufwärts und dann rechts in einen weiß geschotterten Weg hinein. Diesem entlang zuerst ziemlich steil hinauf und dann rechts ab. Hier nun hinaus bis zu einer Holzhütte und der spärlichen roten Markierung folgend links hinauf. Teilweise weglos, teilweise über Steigspuren dem begrünten Rücken entlang hinauf; meist ist das Gipfelkreuz als Orientierungshilfe im Blickfeld. An einigen kleinen Hütten vor-

bei und im letzten Abschnitt über einige Kehren hinauf zum Gipfel mit schönem Tiefblick ins Pfitscher Tal und auf die südlich gelegenen Pfunderer Berge. Abstieg wie Aufstieg.

18 **Wanderung:** Sterzing – Telfes – Mareit

Ausgangspunkt: Sterzing
Parken: im Ort
Höhenunterschied: 300 m
Wanderzeit: 3 Std.
Schwierigkeitsgrad: leicht!
Einkehr: mehrere Möglichkeiten an der Strecke
Karte: siehe Seite 43.

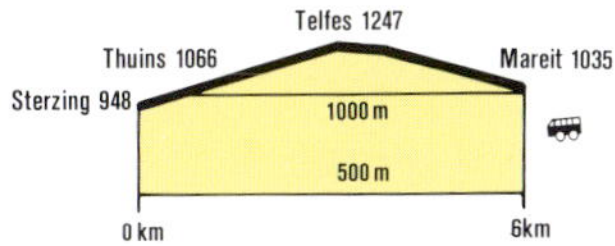

Ober-Telfes

Tourenverlauf: Eine leichte Wanderung, die beinahe für jede Jahreszeit geeignet ist und teilweise schöne Ausblicke ins Ridnauntal und zu den Gipfeln rund um den Jaufenpaß bietet. In Sterzing verlassen wir den Stadtkern in westlicher Richtung über die St. Margarethenstraße. Rechts an einer Kirche vorbei, wo an einem Betonpfeiler schwach die Wegmarkierung 18 sichtbar ist. Kurz nach Passieren der Einfahrtsstraße zum Krankenhaus zweigen wir rechts ab und steigen über einen Spazierweg unter der Autobahn hindurch zum kleinen, auf einer reizvollen Hochfläche gelegenen Dörflein Thuins hinauf. Hier nun über die Asphaltstraße weiter westwärts und wir gelangen zur Zufahrtsstraße nach Telfes. Hier nun hinauf ins Dorf. Durch dieses hindurch und nun weiter entlang der Straße nach Untertelfes. Ca. 5 Min. nach dem Ortsende zweigt links ein Schotterweg ab, der nun talwärts Richtung Ridnauntal führt. Bei den ersten Häusern von Mareit beginnt nun wieder eine asphaltierte Straße. Hier nun über Kehren hinab in den Ort und mit dem Bus oder entlang des fast ebenen Promenadenweges (Nr. 10) zurück nach Sterzing.

19 **Bergtour:** Sterzing – Roßkopf, 2.189 m – Seebersee – Prischer-Alm, 2.160 m – Innermareit

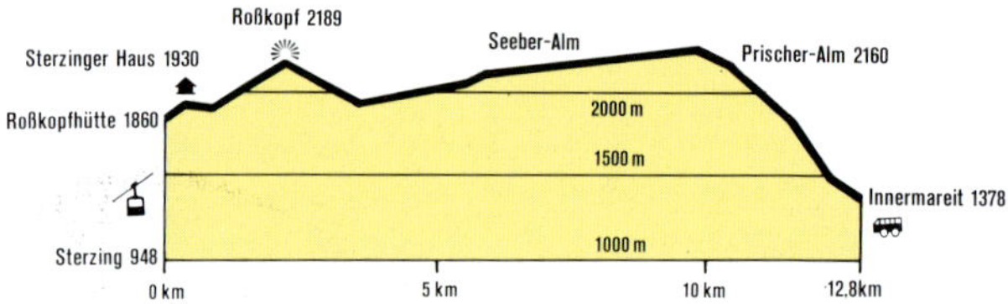

Ausgangspunkt: Sterzing
Parken: Talstation Seilbahn
Höhenunterschied: 400 m Aufstieg (vom Roßkopf), ca. 700 m Abstieg

Wanderzeit: 6 Std.
Schwierigkeitsgrad: mittel!
Einkehr: in Maiern
Karte: Fortsetzung Seite 47

Tourenverlauf: Diese Route verläuft über den äußerst aussichtsreichen Ridnauner Höhenweg und ist nur im Sommer bei guten Witterungsverhältnissen ratsam, da hier auch als Aufstiegshilfe die Roßkopfbahn verwendet wird. Vom Sterzinger Hausberg, dem Roßkopf aus, wandern wir in südlicher Richtung über den vorerst breiten Weg Nr. 23. Doch bereits kurze Zeit später verengt sich der Weg und wir machen einen weitausholenden Südwestbogen unterhalb des Roßkopfgipfels. Über weitläufiges Almgelände folgen wir nun der Markierung 23B ohne große Höhenunterschiede taleinwärts. Wir passieren die Ochsenalm und folgen nach einem Abzweiger weiter dem Weg 23B. Über diesen nun in mäßigem Aufstieg, meist die Hänge querend hinauf zum Seebersee, welcher nach den trockenen Wintern Ende der 80er-Jahre kaum noch als »See« bezeichnet werden kann. Über die Seeber-Alm, mit ca. 2.250 m Höhe der höchste Punkt dieser Wanderung, nun hinüber zur Prischer-Alm. Steil führt nun der Weg 27 hier talwärts; über ein Waldstück und über einen steingepflasterten Weg erreichen wir die ersten Gehöfte von Maiern im Talschluß des Ridnauntales. Mit dem Bus bzw. eventueller Mitfahrmöglichkeit zurück nach Sterzing.

20 **Bergwanderung:** Innermareit – Teplitzer Hütte, 2.586 m

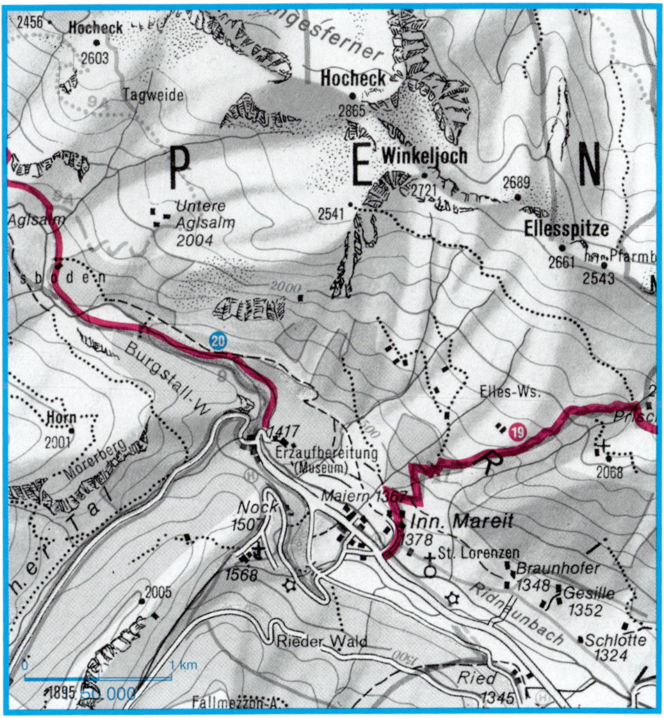

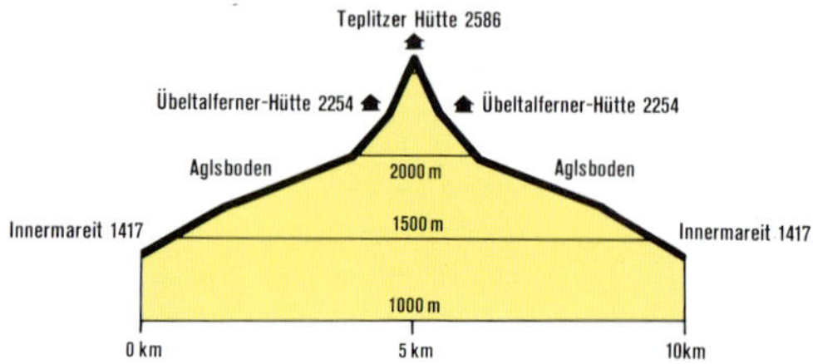

Ausgangspunkt: Innermareit/Ridnauntal
Parken: Erzaufbereitung
Höhenunterschied: 1.170 m
Wanderzeit: Aufstieg 3½ Std., Abstieg 2½ Std.

Schwierigkeitsgrad: leicht!
Einkehr: Übeltalferner-Hütte und Teplitzer Hütte
Karte: siehe Seite 47 und 48

Tourenverlauf: Vom Parkplatz bei der Erzaufbereitung geht es beim Wegweiser über den Lazzacher Bach und auf einem Steinplattenweg durch Wald zu den Wasserfällen. Wenig später stoßen wir auf den Fahrweg, den man abkürzend bis zum Staudamm am Beginn des Aglsboden verfolgt. Wir wechseln auf die andere Seite der Staumauer. Dahinter gleich links betritt man die sandige, ebene Fläche (Abzweigung zur Aglsalm, 1 Std.). Am gut angelegten, serpentinenreichen Hüttenweg queren wir mehrere Wasserläufe, bis bei einem kurzen Abstieg die Übeltalferner-Hütte (früher: Grohmann-Hütte) sichtbar wird. 20 Min. später erreichen wir die kleine, im Sommer bewirtschaftete Hütte. Hoch über uns steht unser Ziel: die Teplitzer Hütte. An einer Marmor-Gedenktafel vorbei steigt man (Seilsicherung) in einer knappen Stunde zum Schutzhaus empor. Sie ist Ausgangspunkt für Touren in den östlichen Stubaier Alpen (Becherhaus, siehe Tour 21; Feuersteine, 3 Std.; über Magdeburger Scharte eisfreier Blockgrat). Der Abstieg nach Innermareit hält sich an den Anstiegsweg.

㉑ **Bergtour:** Teplitzer Hütte, 2.586 m – Becherhaus, 3.195 m – Wilder Freiger, 3.419 m

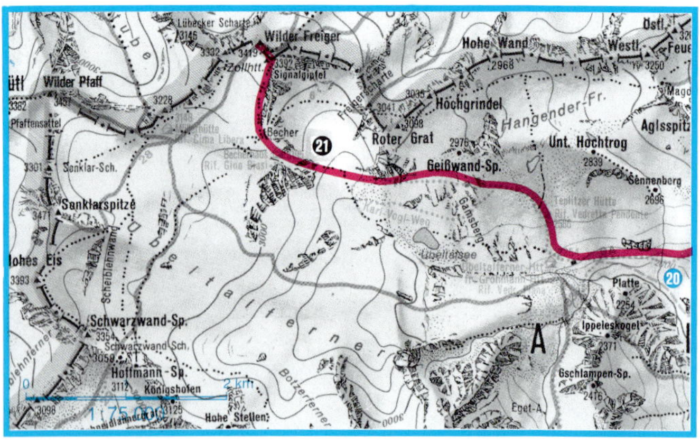

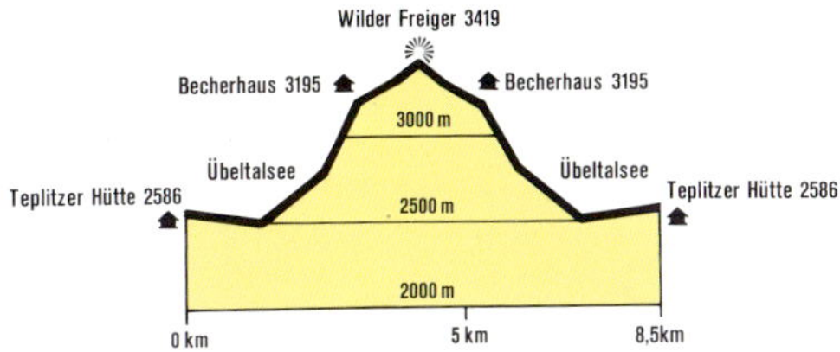

Ausgangspunkt: Teplitzer Hütte
Höhenunterschied: 833 m
Wanderzeit: Aufstieg 3½ Std., Abstieg 2½ Std.
Schwierigkeitsgrad: nur für Geübte!
Einkehr: Teplitzer Hütte, Becherhaus

Wilder Freiger, 3.419 m

Tourenverlauf: Von der Teplitzer Hütte folgt man der rot-weiß-roten Markierung westwärts durch Gesteinstrümmerfelder zum Übeltalsee. Eindrucksvoll ist der Blick nach Süden über den gleißenden, zerklüfteten Übeltalferner zum Botzer, 3.251 m. Im Spätsommer ist die spaltenfreie Gletscherquerung mit Steigeisen ratsam. Einen Pickel sollte man aber unbedingt mithaben. Der Weg empor zum Becherhaus führt wieder durch Fels. Gestärkt von der Einkehr folgt man dem steinigen Kamm nordwärts zum Signalgipfel und zum Wilden Freiger (im Sommer Firn, im Herbst schneefrei). Die Querung zur Müllerhütte ist nur mit Seil empfehlenswert, bisweilen große Randspalten! Der Abstieg erfolgt daher am Anstiegsweg zum Becherhaus und zur Teplitzer Hütte.

㉒ **Sieben-Seen-Wanderung:** Innermareit – Trüber See – Egetjoch, 2.693 m – Lazzacher Tal

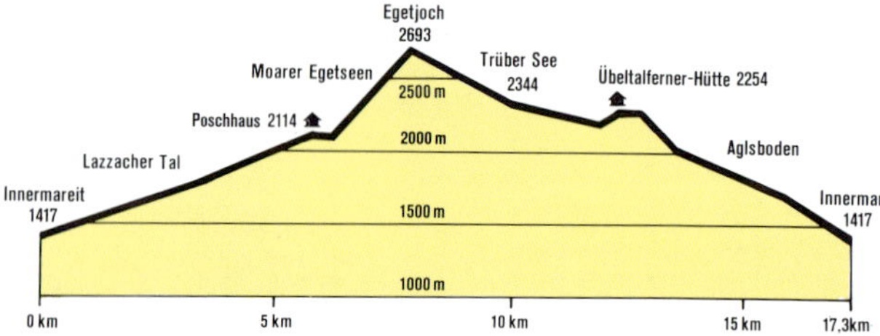

Ausgangspunkt: Innermareit/Ridnauntal
Parken: Erzaufbereitung
Höhenunterschied: 1.276 m

Wanderzeit: 7–9 Std.
Schwierigkeitsgrad: mittel!
Einkehr: Poschhaus

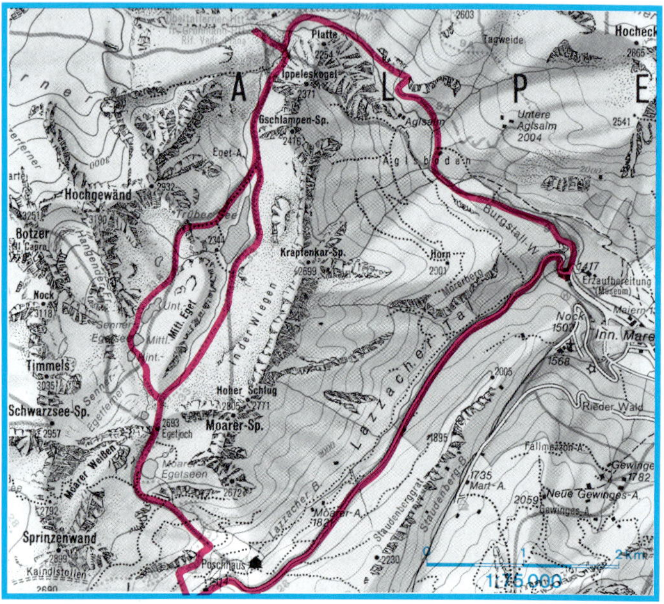

Tourenverlauf: Diese Wanderung am Fuß der südlichen Stubaier Alpen ist wenig begangen, landschaftlich sehr reizvoll und führt bei den Seen durch unberührte Gebirgswelt. Von der Erzaufbereitungsanlage in Innermareit zweigt der Weg 28, die „Sieben-Seen-Tour“, nach Südwesten ab. Die ersten 1½ Stunden entlang des Fahrweges hinauf zum bewirtschafteten Poschhaus sind eintönig. Nach der Stärkung verlassen wir am Fuß der Felswand den Weg 28 nach St. Martin am Schneeberg und halten uns rechts, wo wir in 1½ Std. steil hinauf zu den Moarer Egetseen gelangen. Dahinter beim Egetjoch, 2.693 m, haben wir den höchsten Punkt der Tour erreicht und wandern abwärts entweder links an den Egetseen (33A) oder rechts (33) direkt zum Trüben See hinunter. Unser nächstes Ziel, die kleine Übeltalferner-Hütte, ist seit längerem sichtbar. Allerdings muß man dorthin 10 Min. ansteigen. Etwa zwei Stunden benötigt man für den Abstieg ins Tal.

23 **Wanderung:** Innermareit – St. Magdalena, 1.414 m – Mareit

Ausgangspunkt: Innermareit/Maiern
Parken: im Ort beim GH Schneeberg
Höhenunterschied: 400 m
Wanderzeit: 1½ Std.
Schwierigkeitsgrad: leicht!
Einkehr: GH unterhalb von St. Magdalena

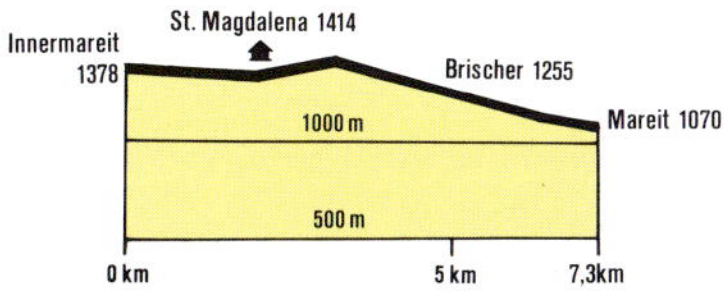

Tourenverlauf: Eine durchwegs leichte Talwanderung, wobei der angegebene Höhenunterschied mit Ausnahme des kurzen Aufstiegs zum Kirchlein von St. Magdalena fast ausschließlich im Abstieg zu bewältigen ist. Wir beginnen die Wanderung beim Seitenweg, der in Maiern gegenüber dem GH Schneeberg beginnt und folgen zuerst dem Weg über die Brücke und dem markierten Steig zwischen den Gehöften hindurch. (Wegweiser zur Wetterspitze). Rechts folgen wir dann dem unmarkierten Feldweg talauswärts, passieren zwischendurch den Linksabzweiger zur Prischer-Alm und zur Wetterspitze und gelangen zwischen Wiesen hindurch zu den nächsten Gehöften. Hinter diesen vorbei und danach über die zweite Brücke den Bach überquerend steigen wir bald danach über eine Wiese dem Wald entlang zum Kirchlein von St. Magdalena hinauf, welches durch seine Lage den oberen Teil des Ridnauntales beherrscht. Über den Zufahrtsweg hinunter zu den an der Talsüdseite gelegenen Gehöften. Inmitten dieser zweigt ein Weg ab, der uns nun an Häusern vorbei über eine Talstufe hinab nach Mareit führt.

24 Wanderung: Außerratschings/Stange – Gilfenklamm – Ruine Reifenegg

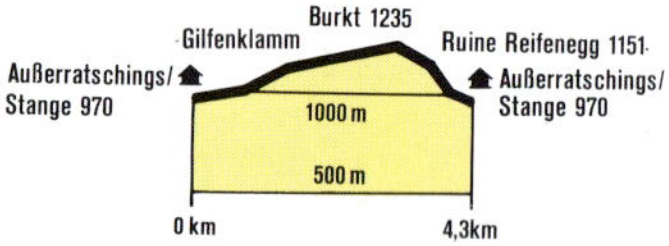

Ausgangspunkt: Stange
Parken: Stange
Höhenunterschied: 265 m

Wanderzeit: 2½ Std.
Schwierigkeitsgrad: leicht!
Einkehr: Jaufensteg, in Stange

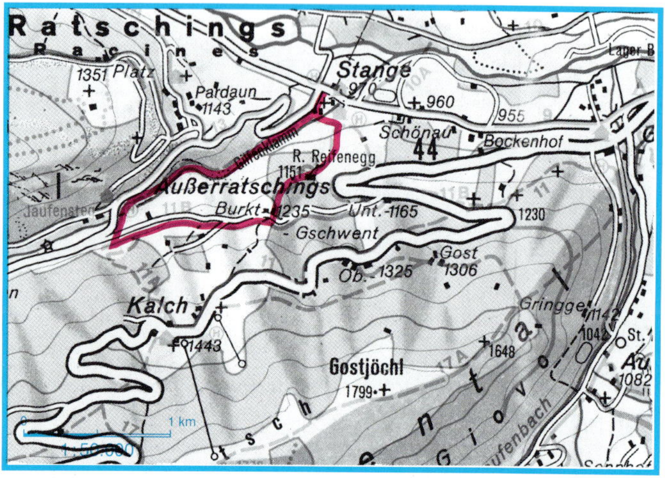

Tourenverlauf: Von Osten kommend weist schon in Gasteig (Beginn der Jaufenpaßstraße) das gelbe Schild »Gilfenklamm, Cascata« nach rechts zum knapp 3 km weiter gelegenen Stange. Am besten parkt man gleich nach der Brücke und folgt der guten Beschilderung zwischen den Häusern hindurch am Jaufenbach entlang zum Eingang der Klamm (Eintrittgebühr!). Ein bequemer Waldweg zieht gut 20 Minuten hinauf, bis auf zwei Holzstegen der Bach gequert wird. Nun hört man auch das Donnern der Wasserfälle und ehe man sich's versieht befindet man sich hoch über den schäumenden Wassern. Die schon seit fast 100 Jahren (Gedenktafel an Kaiser Franz Josef) zugängliche Klamm bietet in ihrem Kernstück atemberaubende Tiefblicke in glatte Kolke, durch die der Sturzbach tost. Auf einem Felsen befindet sich eine Aussichtskanzel (Bänke). Am Ausgang der Klamm besteht Einkehrmöglichkeit im Gasthof Jaufensteg, der am 2. 8.

Gilfenklamm

1896 von Erzherzog Ferdinand Karl besucht wurde. 100 Meter taleinwärts zweigen wir auf einen Wiesenweg ab (Beschilderung Ruine Reifenegg 1 Std., Markierung 11B). Bei den Häusern betreten wir einen asphaltierten Fahrweg, dem wir weiter folgen (schöne Blicke ins Ratschingstal und später auf Ober- und Untertelfes). Am höchsten Punkt der Wanderung, in Burkt, 1.235 m, senkt sich der Fahrweg und 300 Meter später zeigt der Wegweiser links hinab zur Ruine Reifenegg. Jetzt geht es sehr steil auf einer Geländerippe bergab. Von einer Bank bringt uns der Stichweg gleich zur Burg, von der nur noch ein Turm erhalten ist. Von der Nordseite kann man in das Innere gelangen. Zur Bank zurückgekehrt geht es durch Dickicht weiter und in Serpentinen dem Tal entgegen. Oftmals müssen wir über die Rinnsale springen, ehe wir entlang einer Steinmauer (sie dient als Hochwasserdamm) beim Hof neben dem Eingang der Klamm aus dem Wald treten. In wenigen Minuten sind wir beim Ausgangspunkt zurück.

25 **Bergtour:** Flading – Gleckspitze, 2.620 m

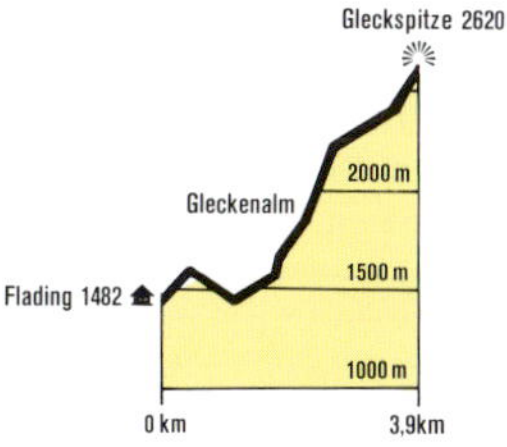

Ausgangspunkt: Flading
Parken: Talschluß bei Kapelle
Höhenunterschied: 1.140 m
Wanderzeit: 4 Std.
Schwierigkeitsgrad: mittel!
Einkehr: GH in Flading

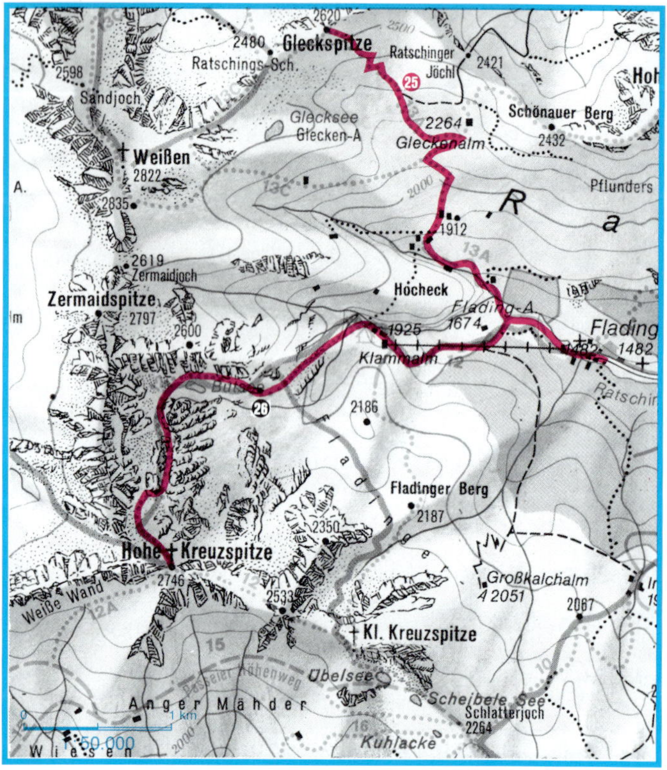

Tourenverlauf: Eine lohnende Tour, die für konditionsstarke Geher auch als Übergang ins obere Ridnauntal erweitert werden kann. Wir beginnen diese Wanderung im Ratschingser Talschluß und überqueren den Bach linker Hand der Kapelle. An einer Ruine mit an einem Mauerstück sichtbarer Markierung vorbei nun gleich über einen relativ steilen Weg hinauf. An der ersten wieder etwas flachen Stelle Wegteilung. Wir halten uns rechts und überspringen kurze Zeit später ein kleines Bächlein. Rechts unterhalb ist deutlich das Hinunterrauschen des Ratschingser Baches durch eine schmale Schlucht zu hören. Nach der Bachüberquerung an einer kleinen Jagdhütte vorbei über den markierten Steig in mittelmäßiger Steigung hinauf, bis der von der Klammalm kommende Weg einmündet. Nun wird in wieder ziemlich steilem Aufstieg die Höhenstufe zur bereits über 2.200 m hohen Gleckenalm überwunden. Der Blick zurück bietet uns hier imposant aussehend die Gipfelerhebungen der Hohen und der Kleinen Kreuzspitze. Nun dem Weg Nr. 13A weiter folgend hinauf zum Gipfel (Vorsicht im Frühjahr bei Schneeresten!).

26 **Bergtour:** Flading – Hohe Kreuzspitze, 2.746 m

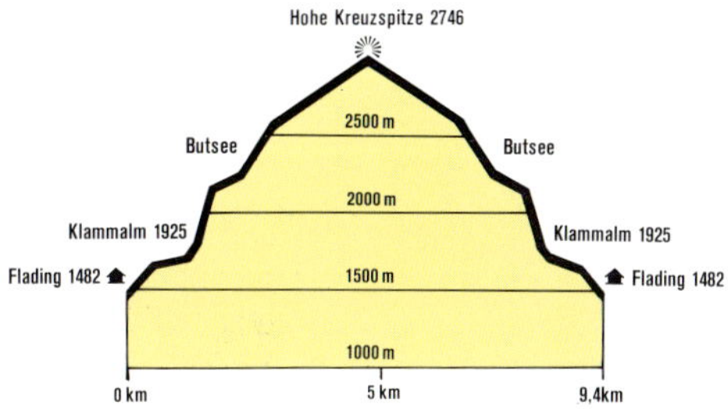

Ausgangspunkt: Flading
Parken: Talschluß bei Kapelle
Höhenunterschied: 1.260 m
Wanderzeit: 4 Std.
Schwierigkeitsgrad: schwer! nur für Geübte!
Einkehr: GH in Flading
Karte: siehe Seite 54

Tourenverlauf: Diese Wanderung beginnt wie die Wanderung Nr. 25 bei der Fladinger Kapelle und mit dem Aufstieg bis zur Wegteilung am Rand der Fladingalm. Hier jedoch halten wir uns an den links abzweigenden Weg und folgen dem beschilderten Weg Nr. 12 hinauf zur Klammalm. Von hier nun dem Bachlauf taleinwärts folgend bis zum Wildbachwehr und nun über den Bach und dem Weg folgend hinauf zu einem Felskamm; bald erreicht man den winzigen Butsee. Über Schrofen und Blockwerk hinauf verlassen wir nun aufwärts die letzten Ausläufer begrünten Almgeländes. Durch Karkessel und Geröllhalden nun immer steiler hinauf (Vorsicht! Hier im Frühjahr oft lange größere Altschneereste!). Im oberen Bereich nach einer kleinen Scharte nochmals leicht abwärts in eine Geröllmulde, dann weiter hinauf zum Nordwestgrat und über einige Kletterpassagen (Trittsicherheit erforderlich) hinauf zum Gipfelkreuz mit lohnender Rundsicht. Abstieg wie Aufstieg; für Geübte auch Abstieg mit Gratwanderung zur Kleinen Kreuzspitze möglich. Übergang jedoch etwas ausgesetzt und nicht ganz ungefährlich.

27 **Wanderung:** Pülverer – Innere Wumblsalm, 1.907 m

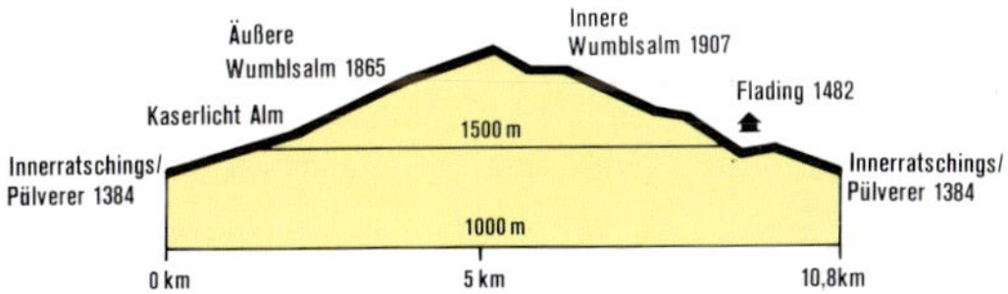

Ausgangspunkt: Innerratschings
Parken: Gehöft Pülverer
Höhenunterschied: 525 m
Wanderzeit: 3½ Std.
Schwierigkeitsgrad: leicht!
Einkehr: GH in Flading

Tourenverlauf: Eine Alternative zu den beiden Gipfeltouren, welche beinahe das ganze Jahr – außer im tiefsten Winter – als Wanderung zu empfehlen ist. Vom Gehöft Pülverer aus überqueren wir über die Brücke den Ratschingser Bach und queren nach kurzer Zeit eine neuere Forststraße. Wir halten uns jedoch geradeaus (Fahrverbotsschild mit Schranken) und wan-

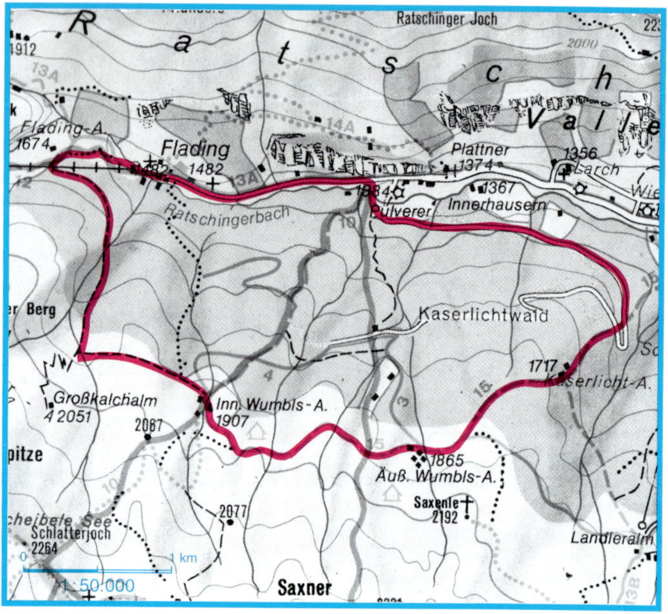

dern ganz sanft ansteigend über die Kaserlicht-Forststraße hinauf. Vereinzelt gibt der Hochwald Blicke auf den Ratschingser Talboden frei. Die Straße macht dann nach größerer Steigung eine Kehre; kurz danach zweigt etwas unscheinbar der Weg 15 links hinauf in den Wald ab, wo wir über die Kaserlicht Alm hinauf zur bereits oberhalb der Waldgrenze liegenden Äußeren Wumblsalm gelangen. Nun auf mühelosem Weg taleinwärts Richtung Westen, in leichtem Auf und Ab einige kleine Gräben querend hinüber zur Inneren Wumblsalm, dem höchstgelegenen Punkt dieser Wanderung. Weitläufig ist von hier der Blick zu den rundum liegenden Berggipfeln des Ratschingser Talschlusses. Auf gut bezeichnetem Weg verlassen wir nun wieder diesen friedlichen Platz und steigen über Weg Nr. 15 hinunter durch den Wald zur Fladingalm und über den Karrenweg zum Weiler von Flading. Über die geschotterte Straße nun noch ca. 20 Minuten talauswärts zurück zum Ausgangspunkt.

28 **Bergtour:** Jaufenpaß – Fleckhütte, 2.100 m – Fleckspitze, 2.331 m

Ausgangspunkt: Jaufenpaß
Parken: unterhalb der Enzianhütte
Höhenunterschied: 390 m
Wanderzeit: 3½ Std.
Schwierigkeitsgrad: leicht!
Einkehr: Enzianhütte, Fleckhütte

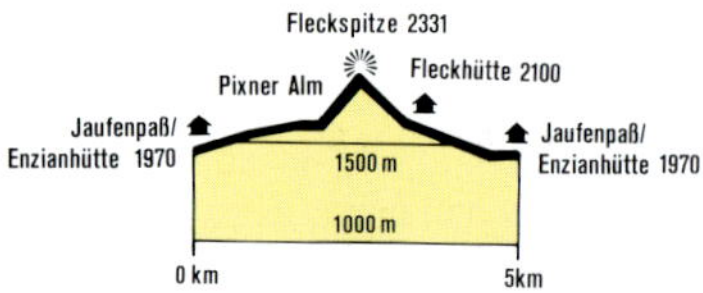

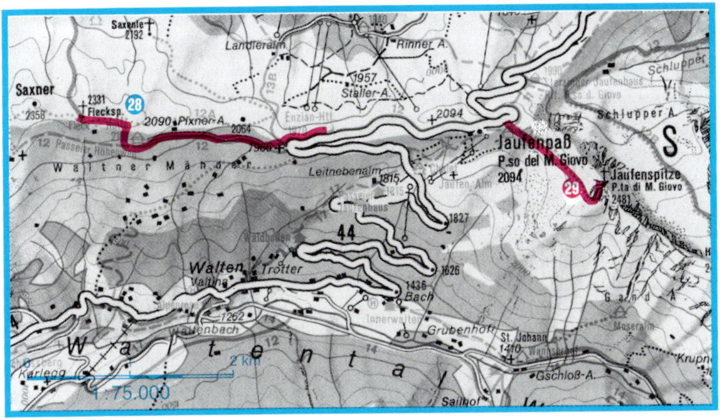

Tourenverlauf: Von der Enzianhütte, westlich unterhalb der Jaufenpaßhöhe gelegen, führt ein bequemer Almweg zwischen blumenreichen (Arnika) Wiesen, begleitet von zahlreichen Rinnsalen in ½ Std. zur Fleckhütte. Von dieser Almwirtschaft bietet sich vom windgeschützten Gastgarten ein weitreichender Blick hinüber auf die Sarntaler Alpen und tief hinab ins Wannsertal. Von der Hütte verfolgen wir den für den Gipfelanstieg günstigeren unteren Weg, einen Karrenweg, auf dem es über Stock und Stein hinauf bis zu einem Absatz (Steinhütte) geht. Hier verlassen wir den Weg und steigen, teils weglos steil hinauf über Grasnarben und Fels der Fleckspitze zu. Am Gipfel kann man in den grabenähnlichen Vertiefungen eine bequeme Mittagsrast einschalten. Der Blick nach Norden gibt die Stubaier Alpen zu erkennen, das Ratschingstal und, auf den flachen Wiesen, die Hüttenansammlung der Äußeren Wumblsalm. Nach der Eintragung ins Gipfelbuch folgen wir dem Weg ein Stück hinab in die Nordflanke und dann dem Gratverlauf nach durch Felstrümmer zu einer verfallenen Steinhütte, an der sich auch bis in den Sommer hinein Schnee hält. Über einen Zaun geht es am staubigen Weg hinab zur bereits sichtbaren Fleckhütte. Am Ziegenstall vorbei sind es wenige Schritte zur Hütte, wo die Stärkung wartet. Am ebenen Fahrweg wandern wir an Almrausch und Wollgrasinseln (inmitten dunkler, mooriger Erde) vorbei zum Parkplatz. Diese gemütliche Tour lohnt sich für jeden, der am Jaufenpaß Zeit hat, das Lenkrad mit dem Rucksack zu vertauschen und die Einsamkeit der Bergwelt so nahe bei einer rege frequentierten Straße zu genießen.

29 **Bergwanderung:** Jaufenpaß – Jaufenspitze, 2.481 m

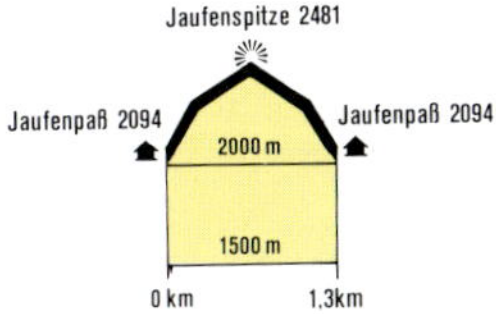

Ausgangspunkt: Jaufenpaß
Parken: Paßhöhe
Höhenunterschied: 387 m
Wanderzeit: 2 Std. (Aufstieg)
Schwierigkeitsgrad: mittel!
Einkehr: Enzian-Bar an der Jaufenpaßhöhe
Karte: siehe oben

Tourenverlauf: Nur selten hat man die Gelegenheit, einen imposant wirkenden Gipfel in so kurzer Gehzeit wie dieser zu besteigen. Für alle, die Erfahrung sammeln möchten, also ein idealer »Einstiegsberg«, da neben dem äußerst lohnenden Aussichtserlebnis einige leicht ausgesetzte Kurzkletteretappen diesen Gipfelaufstieg charakterisieren. Wir beginnen die Route rechts an der »Enzian-Bar« vorbei und wandern in 5 Minuten zu einem kleinen Sattel hinauf, wo sich mit gutem Überblick auf die Aufstiegsroute vor uns unser Ziel erhebt. Nun hinab in eine kleine Wiesensenke und im Gegenanstieg über gut markierten Steig am Nordosthang hinauf zu einer Höhenstufe. Hinauf nun wieder in die Nordostflanke und über die ersten wesentlichen Seilsicherungen hinauf zu einer Scharte. Hier nun ein Stück steil westwärts hinunter. (Der geradeaus führende Nordgrat wird auch öfter begangen, ist jedoch nur sehr geübten Bergsteigern zu empfehlen!) Den Trittspuren folgend teilweise im Zick-Zack, teilweise wieder seilgesichert nun steil hinauf zum Südgrat. Das Gipfelkreuz ist im letzten Abschnitt bis hierher eine Zeitlang nicht sichtbar, also immer der Markierung folgen. Über den Südgrat nun hinüber in wenigen Schritten zum Gipfel. An klaren Tagen ist vom Nordtiroler Karwendelgebirge bis zum Ortler, Brentagruppe und Sextener Dolomiten eine großartige Rundsicht gegeben. Abstieg wie Aufstieg.

30 **Wanderung:** Jaufental – Platsch – Gostjöchl, 1.799 m – Außerthal

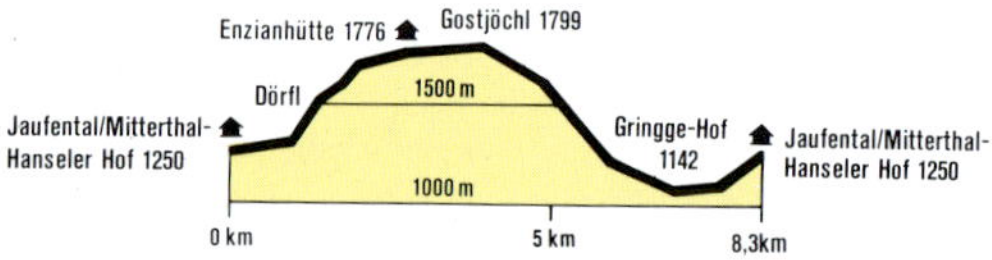

Ausgangspunkt: Jaufental
Parken: beim GH Hanseler Hof
Höhenunterschied: 760 m

Wanderzeit: 4½ Std.
Schwierigkeitsgrad: leicht!
Einkehr: Enzianhütte, Hanseler Hof

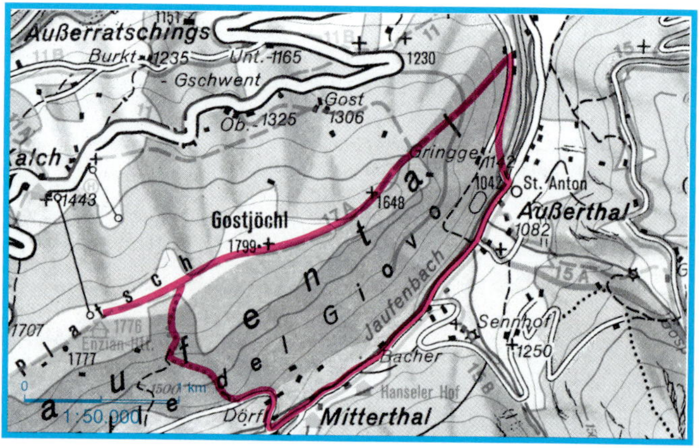

Tourenverlauf: Das Jaufental, ein unscheinbares Seitental, welches von der Jaufenpaßstraße abzweigt, wird vom Ratschingstal durch den sanften Bergrücken der Platsch-Alm getrennt. Zudem ist diese Hochfläche eine schöne Aussichtsterrasse auf zahlreiche umliegende Gipfel; besonders imposant wirkt von hier die Jaufenspitze. Wir wandern in Mitterthal vom Hanseler Hof der Straße taleinwärts entlang und zweigen in Dörfl, einem kleinen Weiler, rechts über eine Seitenstraße hinauf ab. Kurze Zeit nach einer Linkskurve über einen bezeichneten Steig rechts ab und nun ziemlich steil zuerst über Wiesen und dann durch lichten Wald hinauf auf den Almrücken. Wenn die Enzianhütte bewirtschaftet ist (vorher im Tal erkundigen) lohnt sich die Wegzeit von einigen Minuten am Kamm westwärts zu Rast und Einkehr. Unsere Wanderung setzen wir danach fort in östlicher Richtung über das lärchenwaldgesäumte Almgelände, bis wir ostseitig nach einem Waldabstieg wieder auf eine Forststraße stoßen. Über diese nun wieder Jaufental einwärts zum Gringge-Hof und hier hinunter nach Außerthal. Entlang der Straße nun wieder taleinwärts zum Ausgangspunkt.

Pens im Penser Tal

31 **Bergtour:** Penser Joch, 2.214 m – Sarner Weißhorn, 2.705 m

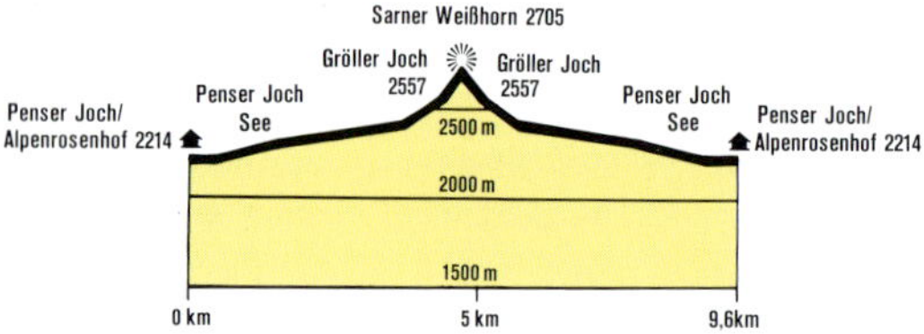

Ausgangspunkt: Penser Joch
Parken: am Joch
Höhenunterschied: 494 m

Wanderzeit: Aufstieg 3 Std., Abstieg 2 Std.
Schwierigkeitsgrad: nur für Geübte!
Einkehr: Alpenrosenhof

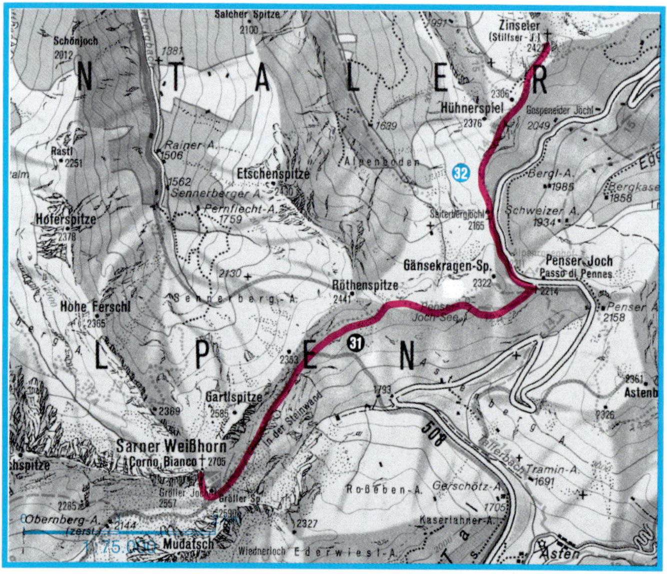

Tourenverlauf: Direkt am Penser Joch zeigt ein Wegweiser zum Sarner Weißhorn, 2.705 m. Vorerst gibt sich der mit 12A versehene Weg noch gemütlich, durchzieht moorige Senken und windet sich durch das felsübersäte Gelände. Unser Steig traversiert die Südflanke der Röthenspitze und bringt uns auf einen Sattel, 2.353 m. Durch die Steinwand setzen wir unseren immer noch flachen Anstieg fort, passieren einige Lacken und steigen durch die weite Senke zum Gröller Joch, 2.557 m, hinauf. Hier setzt der steile Gipfelaufbau an. Zuerst durch eine Rinne, dann über Fels – hier helfen uns über Felsstufen auch Seilsicherungen hinweg – klettert man dem höchsten Punkt entgegen. Nun erwartet uns eine beeindruckende Gipfelschau, die von den Zillertaler Alpen, Stubaier Alpen bis zu den Ötztaler Alpen reicht. Der Abstieg gleicht dem Anstiegsweg.

32 **Bergwanderung:** Penser Joch, 2.214 m – Zinseler, 2.422 m

Ausgangspunkt: Penser Joch
Parken: 500 m nördl. des Jochs
Höhenunterschied: 257 m
Wanderzeit: Aufstieg 1¼ Std., Abstieg ¾ Std.
Schwierigkeitsgrad: leicht!
Einkehr: Alpenrosenhof
Karte: siehe Seite 60

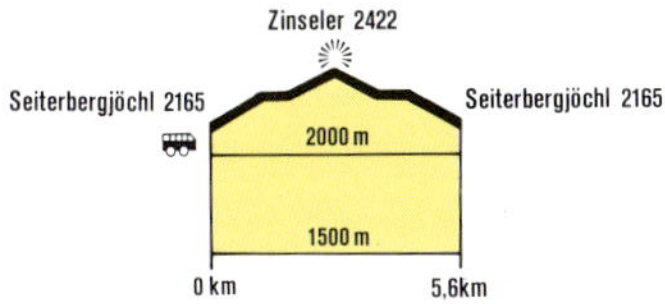

Tourenverlauf: Im Winter wegen seiner nordseitigen Pulverschneeabfahrt bekannt, ist der Zinseler auch im Sommer ein lohnendes Ziel hoch über Sterzing. Wir verkürzen uns den Anstieg durch die Fahrt hinauf zum Penser Joch, 2.214 m. 500 Meter vor der Paßhöhe ist Platz für 4 Pkw (Seiterbergjöchl). Die AV-Markierung 14 »Zinseler, 1½ Std.« weist die Richtung. Über Bergwiesen gelangt man zu einer Unterstandshütte am Fuß des Hühnerspiels. Wenig später geht es rechts (!) ansteigend hinauf auf den Kamm, der zum Zinseler zieht. Vor dem Gipfelaufschwung bietet sich die flache Bergwiese zur Rast an. Im Norden reihen sich Tribulaungruppe, Feuersteine, Wilder Freiger und Zuckerhütl aneinander. Am Weiterweg zum Gipfel bietet sich ein überraschender Tiefblick in das Eisacktal (Freienfeld) und durch das Pfitscher Tal bis hin zum Hochfeiler in den Zillertaler Alpen. Erst am Gipfel rückt das Sterzinger Becken ins Blickfeld, ein Fotomotiv bei klarem Wetter! Der Abstieg hält sich an die Aufstiegsspur.

33 **Wanderung:** Freienfeld – Sengestal – Große Mootalm, 2.012 m

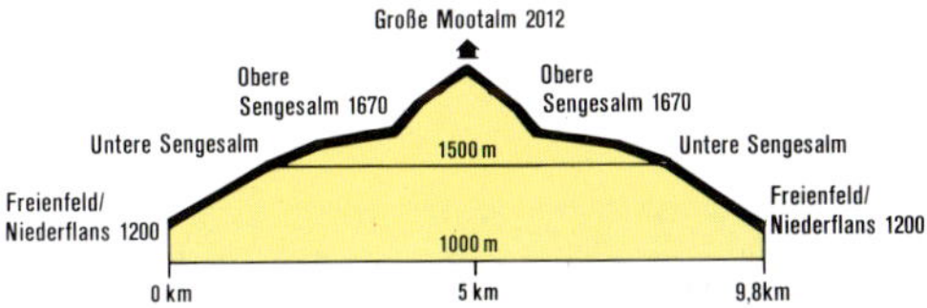

Ausgangspunkt: Freienfeld
Parken: Niederflans (wenige Parkplätze)
Höhenunterschied: 724 m
Wanderzeit: Aufstieg 3 Std., Abstieg 2 Std.
Schwierigkeitsgrad: leicht!
Einkehr: Große Mootalm

Tourenverlauf: Von Freienfeld benützen wir die schmale Asphaltstraße, die durch die Felder nach Valgenäun führt. Vor der Kirche beginnt nach der Linkskehre der Schotterfahrweg, der durch einen Graben in Niederflans endet. Ein Karrenweg durchzieht ostwärts den Hang, gesäumt von Berberitzen- und Himbeersträuchern. Im Gelände verstreut erkennt man Bunkeranlagen. Bald mündet von rechts der Fußweg von Mauls ein. Während der Talwanderung passiert man einige Mühlen. Die erste war noch bis Anfang der 1970er Jahre in Betrieb, wurde allerdings systematisch ausgeraubt. Stufenweise steigt der Karrenweg an und in der Senke unterhalb der dritten Mühle (Wildbachverbauung) endet auch für den geländegängigsten Pkw die »Anfahrt«. ½ Std. weiter lichtet sich der Wald und wir betreten die Sengesalmen. Wo sich das Tal gabelt, halten wir uns links und folgen nach dem Kaserplatz dem Weg hinauf zur Mootalm. Diese mit einigen Schlafplätzen

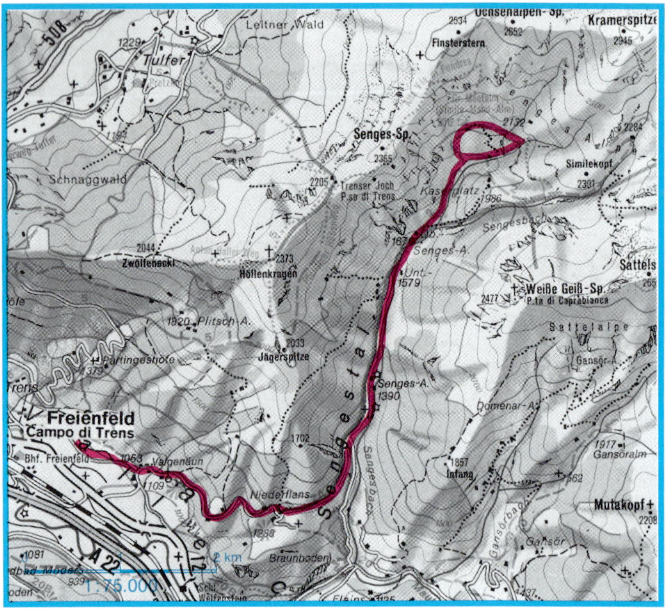

ausgestattete Hütte ist Stützpunkt des Pfunderer Höhenweges am Weg von Wiesen/Pfitsch zur Wilden Kreuzspitze und Brixner Hütte. Nach der stärkenden Einkehr wandern wir durch das schattige Sengestal nach Niederflans zurück.

Sterzing

34 **Wanderung:** Sterzing – Schloß Reifenstein

Ausgangspunkt: Sterzing
Parken: großer Parkplatz vor der Altstadt
Höhenunterschied: –
Wanderzeit: 2½ Std. inkl. Burgführung
Schwierigkeitsgrad: leicht!
Einkehr: GH Goldener Löwe (Elzenbaum)

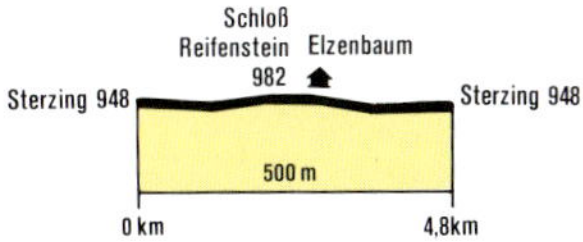

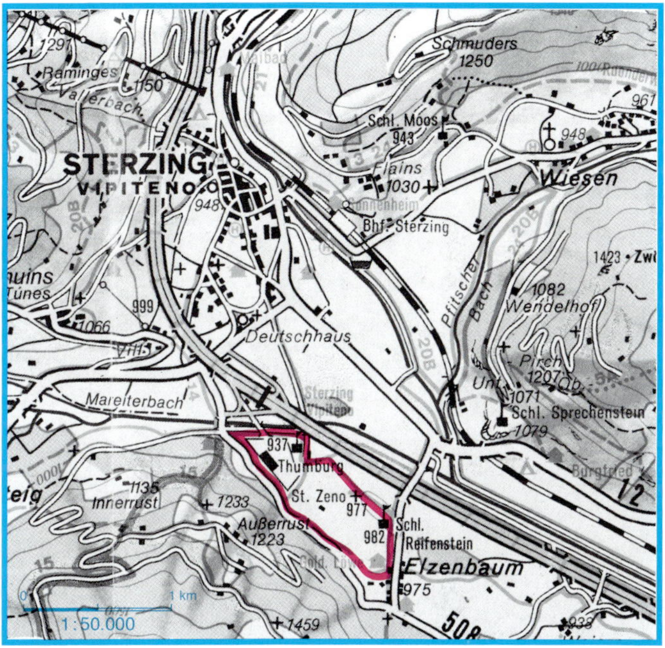

Tourenverlauf: Am Südende der Sterzinger Fußgängerzone beginnen wir über die Gänsbacherstraße südwärts bis zum Abzweiger (beschildert mit »Autobahn«) in die Deutschhausstraße und bald darauf links ab in den Lentweg (Große Tafel »Sport-Fitneß«). Bald darauf gerade über die Jaufenpaßstraße in einen geraden Weg (Fuß- und Radweg). Unter der Autobahn durch und über eine Holzbrücke. Hier nun nach der Brücke links und über einen asphaltierten Spazierweg weiter bis zum weit sichtbaren Schloß Reifenstein. (Führungen täglich außer Freitag um 9.30, 10.30, 14.00 und 15.00 Uhr, Allerheiligen bis Ostern geschlossen). Westwärts des Schlosses nun zum Weiler Elzenbaum und im Ort nordwärts ab in einen Feldweg. Über diesen nun nordwärts bis zur Einmündung in die Penser-Joch-Straße. Vor dem Ridnaunbach rechts ab und wieder bis zur Holzbrücke. Hier nun wieder links ab nordwärts zurück nach Sterzing.

Brixen und Umgebung

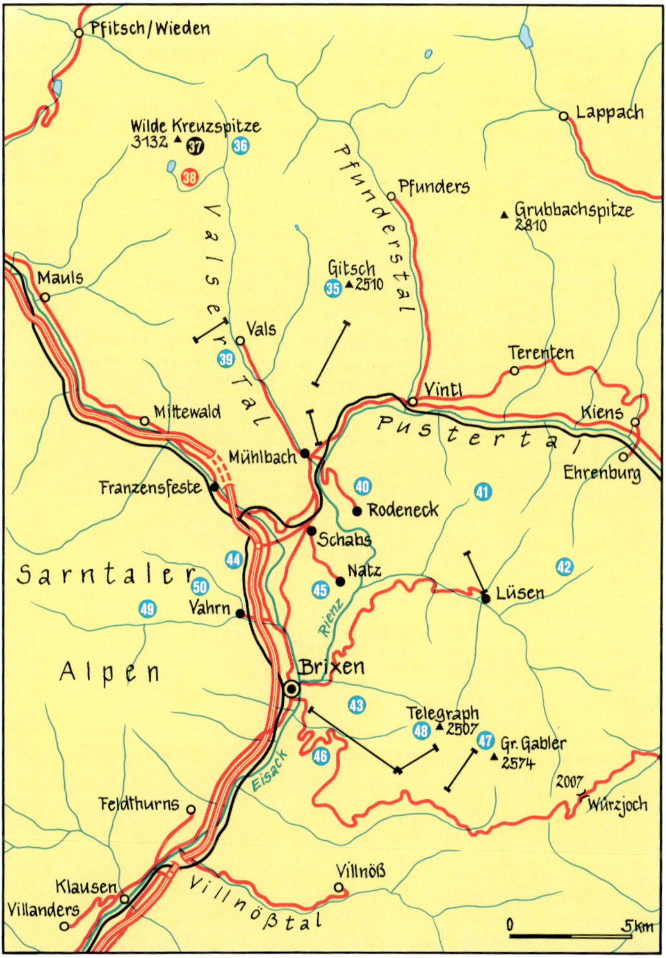

● Verkehrsverein, Fremdenverkehrsverband — Straße — Eisenbahn
Seilbahn, Sessellift — 38 Lage der beschriebenen Wanderwege

Ortsbeschreibungen:

BRIXEN/BRESSANONE

Stadtgemeinde, Provinz Bozen, Einwohnerzahl: 17.000, Seehöhe: 560 – 2.450 m, Postleitzahl: I-39042. **Auskunft:** Tourismusverein Brixen. **Bahnstation:** im Ort. Busverbindung mit Feldthurns, Bozen, Bruneck und Innsbruck. **Bergbahnen:** Plose-Seilbahn, Sessel- und Schlepplifte.

Stadtplan Brixen (561m)

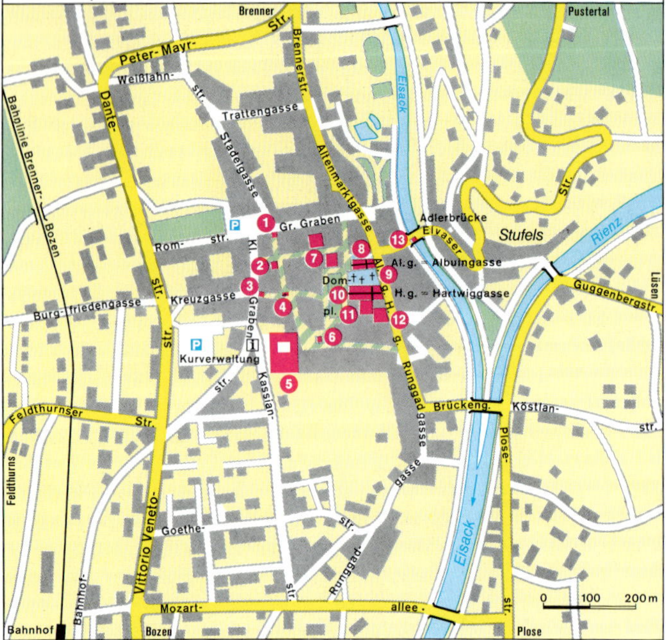

1. Säbener Tor
2. Wilder Mann
3. Sonnentor (Kreuztor)
4. St. Erhard-Kirchlein
5. Hofburg u. Diözesanmuseum
6. Milleniumsäule
7. Altes und Neues Rathaus
8. Pfarrkirche St. Michael
9. Alter Friedhof
10. Dom
11. Kreuzgang
12. Domschatz
13. Brückenheiliger St. Nepomuk

Fußgängerzone

Die Stadt Brixen führt ihre Entwicklung auf das Landgut Prichsna zurück, welches 901 von König Ludwig dem Kinde dem Bischof Zacharias von Säben zum Geschenk gemacht wurde. Von 991 bis 1964 war die Stadt Bischofssitz, anno 1039 erhielt sie eine durchlaufende Umfassungsmauer, 1380 wurde ihr das Stadtrecht verbrieft. Brixen gilt als älteste Stadt des deutschsprachigen Tirol. Es breitet sich malerisch zwischen den Hängen und Terrassen des Plose-Massivs im Osten, des Pfeffersbergs im Westen bis an die Ausläufer der Natzer Hochfläche im Norden aus. Eine weite Talmulde, die vom heutigen Stadtbild ausgefüllt wird, zählt dank ihrer sonnigen Lage, ihrer bereits südlichen Flora und ihrer ertragreichen Wein- wie Obstkulturen zu den anmutigsten Landstrichen Südtirols. Rienz und Eisack vereinigen sich hier. Der historische Stadtkern um den Dom, der Weiße Turm

Dom in Brixen ▸

und die beiden Laubengassen bergen zahlreiche kunsthistorische Sehenswürdigkeiten. Auf den Hängen zwischen dem alten Vorort Stufels, dem Elvaser Hügel und über Kranebitten reihen sich zwischen ehrwürdigen Ansitzen moderne Villen und Wohnbauten. Gegen Süden hat sich die Stadt bis Milland vorgeschoben. In der Nachbarschaft der sogenannten Auen ist eine neue Industriezone entstanden. Schulen wie höhere Lehranstalten von ausgezeichnetem Ruf, ein Priesterseminar, eine Theologische Hochschule, die Cusanus-Akademie, die Sommerkurse der Universität Padua bestimmen weiterhin das geistige Leben der Stadt. Eine bekannte Wasserheilanstalt (Kneippkuren) und das milde Klima ziehen alljährlich zahlreiche Erholungsuchende an. Durch den Bau der Seilbahn auf die Plose wurde außerdem ein weites Wander- und Schigebiet erschlossen. Die Stadt ist Sitz der Bezirksverwaltung und eines Gerichtes.

Sehenswert im Ort und in der Umgebung

Der **Dom** wurde in den Jahren 1745–1755 in italienischem Barock, anstelle eines romanischen bzw. gotischen Baues, der jeweils abbrannte, errichtet. Die Front des Domes wird durch die Statuen der Diözesanpatrone Kassian, Ingenuin und Albuin geschmückt. Sehenswert im Kircheninneren sind das Deckengemälde von Paul Troger (1748–1750), der Hochaltar von Michelangelo Unterberger (1752), der den Tod Mariens darstellt und die drei Seitenaltäre, die den hll. Kassian, Johannes und Salvator geweiht sind. Weiters interessant ist die geschnitzte Kanzel und die Orgel. Direkt an den Dom schließt der berühmte **Kreuzgang** an. Er besteht aus 20 Arkaden, wurde nach 1200 erbaut und seine berühmten Fresken stammen aus dem 14. – 16. Jh. Vom Südteil des Kreuzganges gelangt man direkt in die **St. Johannes- oder Taufkirche**, die aus dem 10. Jh. stammt. In dieser Kirche fand 1080 das aufsehenerregende Brixner Konzil statt. Im Westen des Arkadenganges schließt die **Liebfrauenkirche** aus dem 12. Jh. an. Die **Stadtpfarrkirche St. Michael** mit ihrem markanten Glockenturm, der aufgrund seines hellen Daches „Weißer Turm" genannt wird, stammt in ihrer jetzigen Form aus dem 16. Jh. Der Innenraum wurde im 18. Jh. barockisiert. Besondere Beachtung verdient die bedeutendste Holzskulptur Südtirols, die den Simon von Cyrene darstellt. Empfehlenswert ist ein Besuch im **Diözesanmuseum**: Sakrale Gegenstände, Urkunden und Bildnisse aus der Stadtgeschichte, Bischofportraits von 304 bis 1828, Originale des Atlas Tyrolensis von Peter Anich und das bedeutende **Krippenmuseum** mit 10.000 Figuren können besichtigt werden. Weiters sehenswert sind die **Fürstbischöfliche Hofburg**, die **Lauben**, das **Sonnentor** und das **Säbener Tor**, das **Tausendjahr-Denkmal**, der **Finsterwirt**, einer der ältesten Gasthöfe Brixens mit holzgetäfelten Stuben (Künstlerstuben) und historisch wertvollen Gästebüchern, das **Gasthaus Fink**, das **Hotel zum Elefanten** und das bekannte **Wirtshaus an der Mahr** (Heimat des Tiroler Freiheitskämpfers). **Schloss Krakofl. Das Augustinerstift Neustift** gilt als die geistige Wiege Tirols, wurde 1142 von Bischof Hartmann gegründet und 1190 Kloster. Die Kirche wurde 1370 gotisiert, 1461 mit gotischen Kunstwerken geschmückt (M. u. F. Pacher). Wegen der Türkengefahr wurde im

15. Jh. die Ringmauer errichtet. Anno 1525 plünderten 5000 Bauern das Kloster, wertvollste Kunstwerke und Schriften wurden vernichtet. Die Barockisierung erfolgte im 18. Jh., Josef II. schränkte die Rechte der seit 1142 hier wirkenden Augustinerchorherren ein, 1809 hob die bayerische Regierung das Kloster auf. Wertvolle Sammlungen kamen nach München. Seit 1816 besitzt das Stift wieder die alten Rechte. Im Zweiten Weltkrieg wurde durch Bombenwurf erheblicher Schaden verursacht. Heute besteht eine Mittelschule, eine Musik- und Singschule im Stift. **Schloß Feldthurns**.

Große Lauben

FRANZENSFESTE/FORTEZZA

Gemeinde, Provinz Bozen, Einwohnerzahl: 900, Seehöhe: 747 m, Postleitzahl: I-39045. **Auskunft:** Tourismusverein Franzensfeste. **Bahnstation:** im Ort. Busverbindung mit Innsbruck und Cortina d´Ampezzo.

Der Ort hat sich erst aus einer österreichischen, nach 1919 aus einer italienischen Eisenbahnersiedlung entwickelt. Solange es österreichisch war, hatten vor allem die 1833–1839 erbauten Festungswerke (nach Kaiser Franz I. benannt) Bedeutung als Sperre des Eisacktales. Historisch berühmt ist die durch eine moderne Straßenbrücke ersetzte, früher »hängende« Ladritscher Brücke (Tiroler Freiheitskampf 1809). In Franzensfeste befinden sich das Hauptzollamt der Brennerbahn und bedeutsame Transportunternehmen. Der große Stausee zwischen der unteren Festung und der Ortschaft wurde 1935 erbaut. Der früher dort befindliche, aus den Freiheitskriegen bekannt gewesene Weiler Unterau ist in den Fluten verschwunden.

Sehenswert im Ort und in der Umgebung

Die Anlage der oberen und unteren **Festungswerke** (militär. Sperrgebiet) nach dem Vorbild des französischen Festungsbaumeisters Montalembert, 1714—1800, vom österreichischen General von Scholl erbaut. Das **Viadukt** der Pustertaler Bahnlinie über der Eisackschlucht auf der Ostseite der unteren Festung. Darunter die **Ladritscher Brücke.** Der **Stausee.**

LÜSEN/LUSON

Gemeinde, Provinz Bozen, Einwohnerzahl: 1.400, Seehöhe: 981 m, Postleitzahl: I-39040. **Auskunft:** Tourismusverein Lüsen. **Bahnstation:** Brixen (13 km). Busverbindung mit Brixen.

Das Lüsener Tal bildet einen halbmondförmigen Bogen um das Plosemassiv im Nordosten des Brixener Beckens. Es endet an der Peitlerkofelgruppe. **Der Lasankenbach entwässert das Lüsener Tal und mündet in die Rienz. An der Nord- und Ostflanke trennt der breite Höhenkamm der Rodenecker Alpe, das Astjoch, der Campill und das Glittnerjoch das Lüse**ner Tal vom Pustertal und Gadertal. Die Wasserläufe der hier herabkommenden Bergbäche sind besonders reißend. Zwei Übergänge, das St. Jakobstöckl, 2.026 m, und das Lüsener Joch, 2.008 m, führen ins Gadertal. Die Gemeinde Lüsen besteht aus sieben Fraktionen, die sich über das ganze Tal verteilen.

Die Siedlung wurde bereits 893 von König Arnulf den Brixener Bischöfen geschenkt. Im Mittelalter war es bischöflicher Gerichtsort. Inmitten weiter Wiesen gebettet, von Wäldern geschützt, bildet vor allem der Hauptort Lüsen eine Oase der Ruhe. Durch die neuen Skilifte auf der Plose wurde ein ausgedehntes Skigebiet erschlossen. Lüsen ist voll alter Bräuche und Sagen. In der Reformationszeit war es ein Sammelpunkt der Wiedertäufer.

Sehenswert im Ort und in der Umgebung

Die **Pfarrkirche St. Georg,** 1502 geweiht, später barockisiert (Pietà aus dem 15. Jh. Kapelle **St. Killian,** Flügelaltar mit Hauptschrein, Kreuzigungsgruppe, 15. Jh.). **St. Nikolaus** in Petschied (ehemal. heidn. Quellenheiligtum mit Wasserheilquelle, Sage vom Stieropfer). Ansitz **Moar** (Mayrhofen) aus dem Jahr 1413, bis vor kurzem größter Bauernhof der Gegend, in dem der Bauer 99 Hofleute verköstigte.

MÜHLBACH/RIO DI PUSTERIA

Marktgemeinde, Provinz Bozen, Einwohnerzahl: 2.400, Seehöhe: 775 m, Postleitzahl: I-39037. **Auskunft:** Tourismusverein Mühlbach-Vals-Spinges. **Bahnstation:** im Ort. Busverbindung mit Brixen und Bruneck. **Bergbahn:** Kabinenseilbahn Meransen.

Der Markt Mühlbach erhebt sich auf einer Geländeterrasse zwischen Rienz und Valser Bach. Die Ortschaft vermittelt durch ihre Geschlossenheit den Eindruck einer auf engem Raum gewachsenen Siedlung. Schloß Freienthurn, heute Nonnenkloster, beherrscht das Ortsbild gegen Südwesten. Mühlbach mit seinen gut gehaltenen Grünanlagen ist Talstation der Kabinenseilbahn nach Meransen, einer dem Ort eingemeindeten Mittelgebirgssiedlung. Außerdem ist es Ausgangsort für größere und kleinere Touren. An der Mühlbacher Klause verläuft die Grenze zwischen dem Puster- und Eisacktal.

Sehenswert im Ort und in der Umgebung

Pfarrkirche, 1277 erwähnt (Fresken von F. Pacher, 1500, Zahlstein Herzog

Sigismunds). **St. Florian,** 15. Jh. Die **Kandelburg** (einst Gerichtssitz). **Mühlbacher Klause** (ehemalige Zollstelle der Tiroler Landesfürsten, hart umkämpft in den Freiheitskriegen, Gedenkstätte der Feuertaufe der Tiroler Kaiserjäger 1813). **Schloß Rodeneck** (siehe Rodeneck). Der **Kirchhof von Spinges** (Schlacht 1797). **Villa Defregger** in Spinges. **Meransen** (sehr lohnende Fernblicke). **Valser Tal** und Valser Bad.

NATZ-SCHABS/NAZ-SCIAVES

Gemeinde, Provinz Bozen, Einwohnerzahl: 2.050, Seehöhe: 891 und 772 m, Postleitzahl: I-39040. **Auskunft:** Tourismusverein Natz-Schabs. **Bahnstation:** Brixen (5,5 km). Busverbindung mit Brixen und Bruneck.

Die Gemeinde Natz-Schabs umfaßt die 5 Fraktionen Schabs (Gemeindesitz), Natz, Viums, Raas und Aicha. Die Siedlungen breiten sich über die Hochfläche zwischen dem Tal der Rienz und des Eisack aus. Dieses Hochland besitzt einen eigenartig herben Reiz, Moorland, Heide und Föhrenwaldungen grenzen an die nördlichsten Weinberge Südtirols. Der Wein, der hier gedeiht, heißt »Steinraffler«. Siedlungen auf der Schabser Höhe lassen sich bereits aus vorgeschichtlicher Zeit nachweisen (Laugener Kultur). Es ist die Landschaft, in der heute noch die Erzählungen über den »Lauterfresser« umgehen.

Sehenswert im Ort und in der Umgebung

Die **Schabser Pfarrkirche St. Margareth,** 16. Jh., barockisiert im 18. Jh. Die Pfarre **St. Philipp und Jakob** in Natz (Madonna mit Engeln aus der Pacher Schule). **St. Ägidius** in Raas, wohl 1173 geweiht, später neugotisch (alter Brauch der alljährl. Brotspende am 1. September). **St. Magdalena** in Viums, 16. Jh. (schöne Holzskulpturen). **Schloß Rodeneck** (siehe Rodeneck). **Augustinerstift Neustift** und Klosterkellerei (siehe Vahrn). **Flötscher Weiher**. Dorf und Friedhof von **Spinges** (Schlachtfeld von 1797). **St. Nikolaus** in Aicha, Turm 1403 erbaut. Die alte **Gerichtsstätte »unter der Linde«**.

RODENECK/RODENGO

Gemeinde, Provinz Bozen, Einwohnerzahl: 1.050, Seehöhe: 991 m, Postleitzahl: I-39037. **Auskunft:** Tourismusverein Rodeneck. **Bahnstation:** Mühlbach (4 km). Busverbindung mit Mühlbach.

Die Gemeinde Rodeneck mit ihren Fraktionen Gifen, Vill, St. Pauls, Nauders, Ahnerberg, Fröllerberg und Spisses liegt auf einer weiten Terrasse hoch über der Rienzschlucht. Die Terrasse und die Bergwiesen der höhergelegenen Weiler und Höfe sind allseitig vom Rodenecker Wald umschlossen, der sich erst wieder auf den Höhen der Rodenecker Alpe lichtet. Der Sitz der Gemeinde ist Vill. Unmittelbar südlich von Vill erhebt sich das stolze Schloß Rodeneck auf einem von der Rienz umflossenen Felssporn. Es ist eines der mächtigsten Schlösser in Tirol und wurde in den Bauernkriegen vergeblich belagert. Die heutige Gemeinde ist aus dem alten Gericht Rodeneck entstanden, dessen Sitz das Schloß war. Da es keine Durchgangsstraße gibt, ist der Ort von Lärm und Unruhe des Verkehrs verschont geblieben.

Sehenswert im Ort und in der Umgebung

Die **Pfarrkirche Mariä Himmelfahrt,** spätgotisch, 1795 nach Westen verlängert. **Friedhofskapelle,** 1697. **St. Blasius,** romanisch um 1325, Rundapsis in den Pfarrhof eingebaut. **St. Benedikt** in Nauders, spätgotisch, im 17. Jh. verändert. **St. Pauls**, 16. Jh. **Schloß Rodeneck**, 1140–1147 erbaut, mächtigste Burgfeste Tirols, uneinnehmbar in den Bauernkriegen, Gerichtsstätte im 16. Jh.; im 17. Jh. Pflegestätte der bildenden Künste; wertvolle Sammlungen und Archive (zum Teil in Nürnberg), sehenswert ist die Rüstkammer, die Schloßkapelle (1582), die Burgkapelle mit Fresken aus der Zeit um 1200 (älteste profane Fresken im deutschen Sprachraum), der Burghof, der Hochzeitssaal, die Schmiede und der Pulverturm. Von Friedrich von Rodeneck erbaut, kam es später in den Besitz der Herren von Wolkenstein-Rodeneck, 1897 erwarb es Arthur Graf Wolkenstein, dessen Erben es heute noch besitzen.

VAHRN/VARNA

Gemeinde, Provinz Bozen, Einwohnerzahl: 3.250, Seehöhe: 690 m, Postleitzahl: I-39040. **Auskunft:** Tourismusverein Vahrn. **Bahnstation:** Brixen (3 km). Busverbindung mit Brixen.

Vahrn liegt geschützt und in anmutiger Umgebung auf einer sanft ansteigenden Wiesenplatte nordwestlich von Brixen. Zur Gemeinde zählen außerdem die Fraktionen Neustift mit seinem berühmten Augustinerkonvent, Riol, Spiluck und Schalders. Das Tal des Schalderer Baches mündet bei Vahrn. Der reizvolle Ort diente seit altersher als Sommersitz wohlhabender Brixener Bürger. Besonderer Anziehungspunkt sind seine Kastanienhaine. Im Edelsitz »Garten« spielt der Roman von R. Voß »Zwei Menschen«. Die Siedlungen am Ende des langgestreckten Schalderer Tales gehören zu den einsamsten Tirols. Das dort befindliche Bauernbad ist heute ein Gästeheim. Herren über Vahrn waren einst die Pfeffersberger. Die Bischöfe von Brixen errichteten den Gerichtssitz Salern (Ruine). Das Kloster Neustift zählt zu den kulturgeschichtlich bedeutungsvollsten Klostersiedlungen des süddeutschen Sprachraumes (Beschreibung siehe unter Brixen).

Sehenswert im Ort und in der Umgebung

Die **Pfarrkirche St. Georg,** gotisch, später barockisiert (sehenswertes Madonnen-Fresko). **Ansitz Garten.** Weiters die Ansitze **Gallhof, Hubenbauer, Stieglhof. Ruine Salern.** Der Hain der **Edelkastanien.** In Schalders: Kuratialkirche **St. Wolfgang,** 1436, im 17. Jh. umgebaut. **Röm. Ausgrabungen** am »Nössing-Bichl«. Das **Augustinerstift Neustift.**

Blick von der Plose zu den Geislerspitzen

35 **Wanderung:** Meransen – Kieneralm – Gitsch, 2.510 m

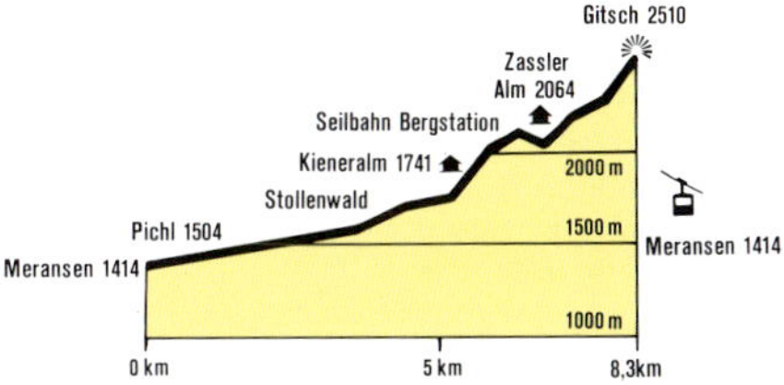

Ausgangspunkt: Meransen
Parken: Kieneralm
Höhenunterschied: 1100 m
Wanderzeit: 3½ Std.
Schwierigkeitsgrad: leicht!
Einkehr: Kieneralm

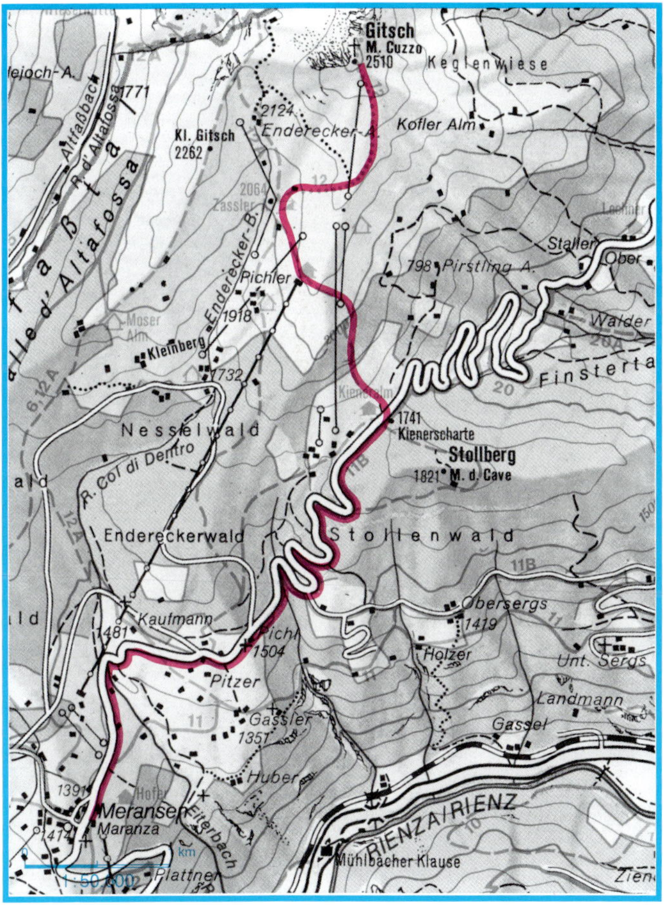

Tourenverlauf: Von Meransen führt ein, teils schmales, asphaltiertes Sträßchen nordöstlich bis zur Kieneralm empor. Gleich beim Nebengebäude setzt der Fußweg an, der unter Lärchen zu zwei verfallenen Almhütten bergan zieht. Wenig oberhalb, bei der Quelle, befinden wir uns schon am Rand der Skiabfahrt, die uns den weiteren, teils steilen Anstieg (3/4 Std.) zur Bergstation des Gondellifts vorgibt. Je höher wir steigen desto weiter wird der Blick über das Brixener Becken bis hin zum Rosengarten, Peitlerkofel und Dolomiten. Von der Bergstation der Seilbahn führt nun ein breiter Feldweg, etwa der Lifttrasse entlang auf den Gipfel zu. Über Grasboden geht es dem höchsten Punkt zu, der durch unglaubliche Ausblicke, nicht nur nach Süden, sondern auch in die Zillertaler Alpen, besticht. Günstigste Jahreszeit ist der Herbst mit klarer Sicht. Der Abstieg erfolgt am Anstiegsweg, oder mit der Seilbahn.

Gitsch, 2.510 m

36 **Bergwanderung:** Vals – Fanealm, 1.739 m – Brixner Hütte, 2.307 m

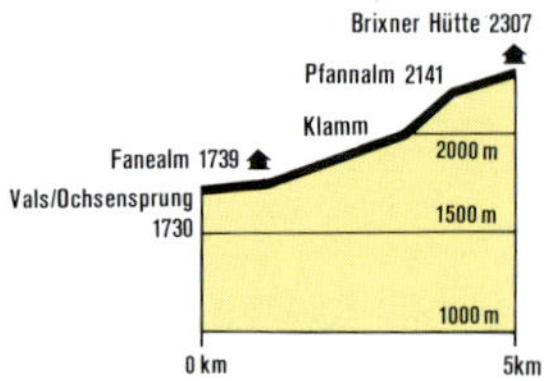

Ausgangspunkt: Vals
Parken: Ochsensprung
Höhenunterschied: 577 m
Wanderzeit: Aufstieg 1½ Std., Abstieg 1 Std.
Schwierigkeitsgrad: leicht!
Einkehr: Fanealm, Brixner Hütte

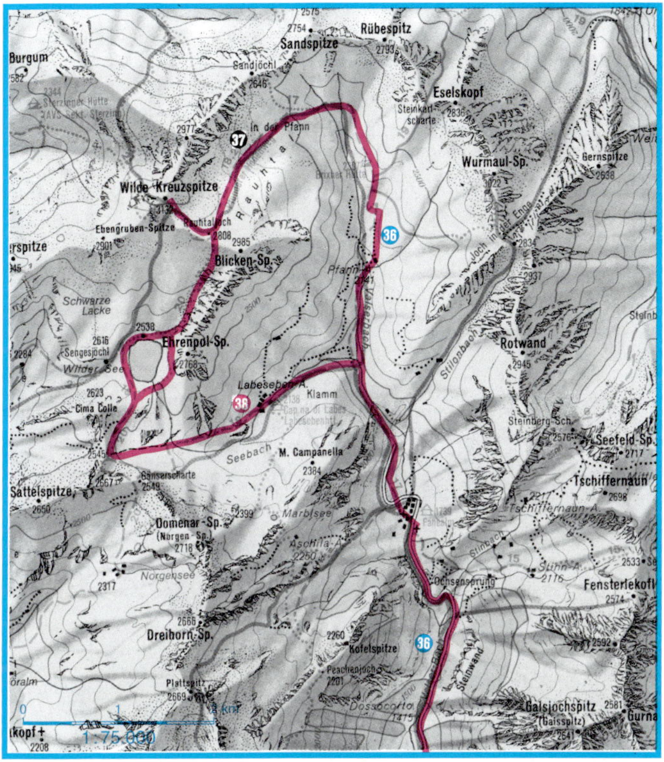

Tourenverlauf: Das Valser Tal erreicht man von der Straße Mühlbach/Pustertal nach Meransen. In dem weiten Hochtalboden liegen alte Bauernhöfe harmonisch neben modernen Siedlungshäusern verstreut. Mit dem Pkw besteht die Möglichkeit durch das Tal bis in den Talschluß anzufahren, wo die enge asphaltierte Straße in einigen Kehren (1. Gang!) den Parkplatz am Ochsensprung, 1.730 m, erreicht. Gleich um die Ecke liegen die knapp 30 Hütten der Fanealm, mit einer gemütlichen Jausenstation. Die Markierung 17 begleitet uns über die Almwiesen bis zum Ende des Almfahrwegs (Durchlaß). Nun beginnt der abwechslungsreiche, teilweise gesicherte Anstieg durch die Klamm, in der tief unter uns der Valserbach seine Kolke ausgewaschen hat. Nach ¾ Std., am Ausgang der Klamm, zweigt bei einem Marterl der Steig zur Labesebenhütte ab. Wir bleiben in Bachnähe, queren mehrere Rinnsale und wandern über den Almboden höher. Ganz kurz wird auch die Brixner Hütte sichtbar, ehe wir rechts die Pfannalm passieren. Ein letzter Aufschwung muß noch bis zum kleinen, einladenden Schutzhaus überwunden werden, ehe wir auf der Holzterrasse der Hütte rasten können. Die Brixner Hütte ist wichtiger Stützpunkt am Pfunderer Höhenweg (Wegweiser Große Mootalm, 3½ Std., westlich; über die Steinkarlscharte – Biwak Gaisscharte – Eisbruggjochhütte, 8½ Std.), sowie für die Besteigung der Wilden Kreuzspitze, 3.132 m, 3 Std., die wegen ihrer Höhe nur Geübten empfohlen werden kann.

37 **Bergtour:** Brixner Hütte, 2.307 m — Wilde Kreuzspitze, 3.132 m

Ausgangspunkt: Brixner Hütte
Parken: Ochsensprung
Höhenunterschied: 827 m
Wanderzeit: Aufstieg 3 Std., Abstieg 2 Std.
Schwierigkeitsgrad: nur für Geübte!
Einkehr: Brixner Hütte
Karte: siehe Seite 75

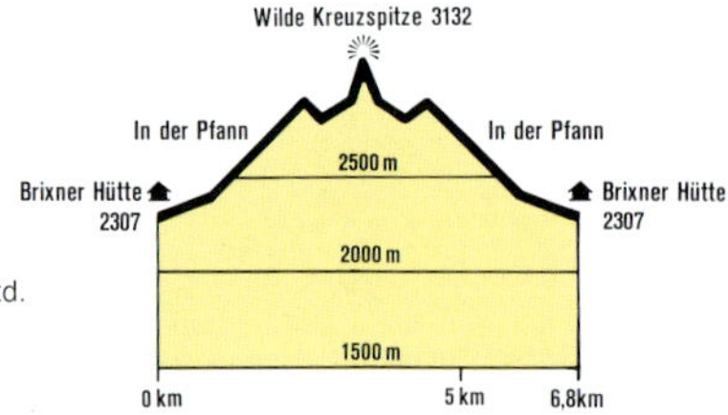

Talschluß Valser Tal: Brixner Hütte mit Sandspitze, 2.755 m, Rübespitze, 2.787 m, und Pfannespitze, 2.709 m

Tourenverlauf: Von der Brixner Hütte spazieren wir am Wiesenweg (Bachüberquerung) nordwärts, und passieren einen Felssporn auf seiner rechten (!) Seite. Nach diesem Aufschwung stehen wir in einer Schwemmebene, In der Pfann. Hier betreten wir das Rauhtal, ein einsames, karges Hochtal, in dem noch bis in den August hinein Schnee liegt. Blicken wir zurück, so sehen wir (v.l.n.r.) das Sandjöchl, dahinter die Grabspitze, die Felszacken der Sandspitze, den hellbraunen Rübespitz (wird erst weiter oben gut erkennbar), den runden, fast weißlichen Eselskopf, die mächtige Wurmaul-Spitze und dahinter den Eisriesen Hochfeiler in den Zillertaler Alpen.
Je nach Verhältnissen benötigen wir 2 Std. bis auf das Rauhtaljoch, 2.808 m, wo uns der unerwartete Tiefblick auf den Wilden See überrascht.

Der Gipfelanstieg zieht nun rechts durch das Schiefergestein hinauf, bis zu einer Verebnung auf 3.000 Meter. Nun haben wir die Höhe der Blicken-Spitze, 2.985 m, auf der anderen Seite des Jochs, bereits erreicht. Immer am Kamm, oder rechts davon, erklimmen wir, zuletzt über einige Felsen, den Gipfel. Die Rundsicht reicht von den Sarntaler Alpen (W), Stubaier Alpen über Sterzing, Wolfendorn, Kraxentrager, Tuxer Hauptkamm, Zillertaler Alpen (O) bis in die verschiedenen Dolomitengruppen (S). Abstieg (nur) am Anstiegsweg.

38 **Bergwanderung:** Vals/Fanealm – Labesebenhütte, 2.138 m – Wilder See, 2.538 m

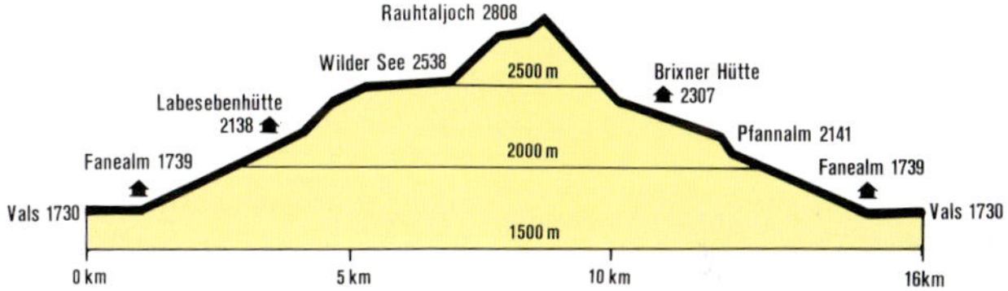

Ausgangspunkt: Vals
Parken: Ochsensprung
Höhenunterschied: 808 m
Wanderzeit: Aufstieg 2¾ Std., Abstieg 2 Std.
Schwierigkeitsgrad: mittel!
Einkehr: Fanealm, Labesebenhütte
Karte: siehe Seite 75

Tourenverlauf: Vom Ochsensprung im hintersten Valser Tal spazieren wir an den Hütten der Fanealm vorbei hinauf in die Klamm (siehe Wanderung 36). Nach der Klamm, beim Marterl, biegen wir links ab und nehmen

Fanealm im Valser Tal

den breiten Karrenweg aufwärts. Die Baumgrenze wird durch die beiden Lärchen angezeigt. Im Juli bedecken noch Lawinenreste den schäumenden Bach, auf den wir hinunterblicken. Nach 1¼stündiger Wanderung stehen wir vor der Labesebenhütte. Empfehlenswert ist der Weiterweg (Markierung 18) über die Almwiesen bis zum Wasserfall, der am Fuß der Ehrenpolspitze überschritten wird. In zwei Kehren überwinden wir die Talstufe und spazieren am zerfurchten Steig bergwärts. Bei einem Unterschlupf aus Steinen biegt der Weg nach rechts um und quert die Grasflanke des Cima Colle. Kurz vor dem Wilden See steht rechts auf einem Hügel ein Wegweiser. Hier müssen wir kurz absteigen um den Abfluß des Sees zu überqueren. Geht man noch etwa 5 Minuten weiter, so bietet sich eine herrliche Aussicht auf den See. ½ Std. nimmt etwa die Umrundung des Wilden Sees in Anspruch, die man auf Pfadspuren vornehmen kann. Der Abstieg erfolgt entweder genau am selben Weg oder über das Rauhtaljoch, 2.808 m (vom See 1 Std.) über die Brixner Hütte (+1½ Std.) zur Fanealm (+1 Std.).

39 **Wanderung:** Spinges – Jochtal – Vals

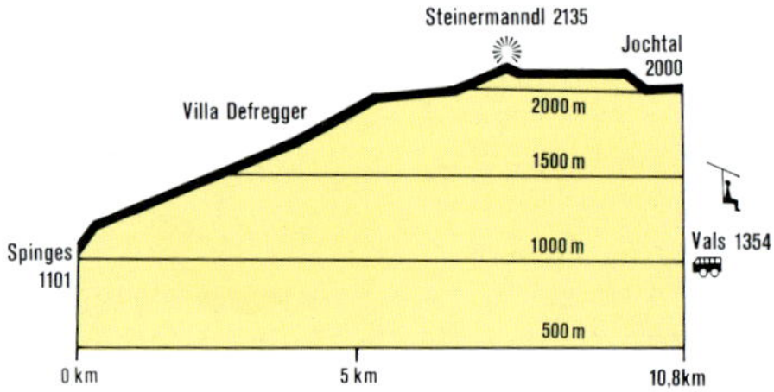

Ausgangspunkt: Spinges
Parken: Ortsmitte
Höhenunterschied: 1.034 m

Wanderzeit: 3½ Std.
Schwierigkeitsgrad: leicht!
Einkehr: Jochtal

Tourenverlauf: Hier handelt es sich um eine beschauliche Höhenwanderung hoch entlang des Valser Tales mit teilweise schönen Ausblicken zur Gebirgswelt nördlich des Pustertales. Wir wandern vom Dorfzentrum in Spinges der gut gekennzeichneten Markierung 9 folgend in nordwestlicher Richtung zu den letzten Häusern hinauf, wo ein steiler Aufstieg beginnt, der die weitausholende Kehre der Straße zum Beginn der Spingeser Forststraße beträchtlich abkürzt. Kurz nach Erreichen der Straße beginnt der ruhige, für KFZ gesperrte Abschnitt, welcher nun im gemächlichen Anstieg durch Lärchenwald hinaufführt. Nach mühelosem Aufstieg wird die Ponte Uz erreicht, wo der Schwarzbach seinen Weg ins Valser Tal sucht. Kurz darauf links von der Straße ab in einen rot-weiß markierten Weg hinauf zu den Wiesen der verlassenen Häuser der »Villa Defregger«. Über den Wiesensteig nun weiter in NW-Richtung hinauf und über einen nun weniger begangenen Weg nördlich in den Hochwald. Über den nun kaum markierten Weg stets nordwärts orientiert hinauf zum Gipfelkreuz am Steinermanndl. Teilweise weglos über den Nordwestrücken hinab, bis wir auf den Weg 11A, von der Planner Alm kommend, stoßen. Über diesen nun gut markiert hinunter zum Restaurant Jochtal. Ins Valser Tal hinunter mit dem Lift (bitte erkundigen

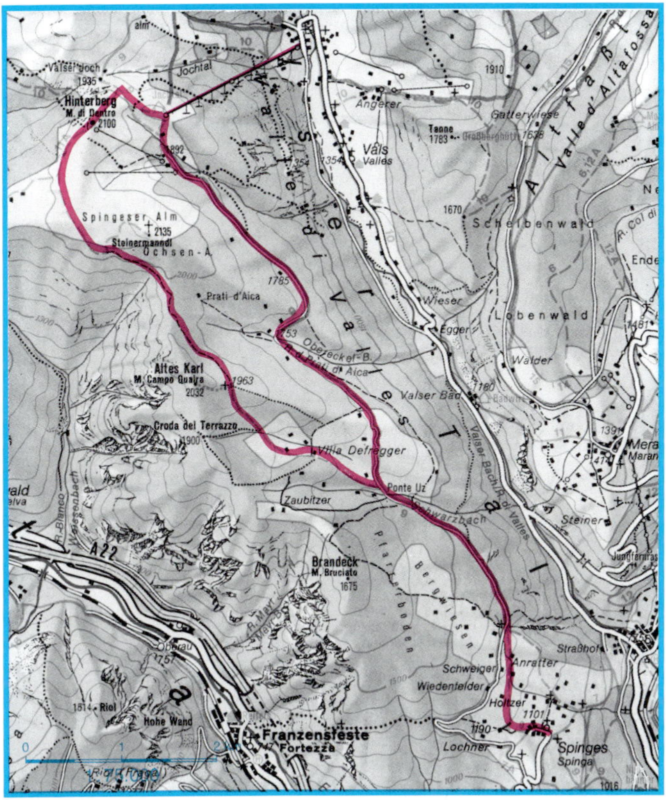

Sie sich vor der Wanderung nach der Betriebszeit) und mit Bus oder Mitfahrmöglichkeit zurück nach Spinges. Außerhalb der Liftbetriebszeiten ist die leichte Rückwanderung (ca. 1½–2 Std.) über die gesamte Spingeser Forststraße, welche kurz südwärts der Jochtal-Hütte bei den Schleppliften beginnt, anzuraten.

40 **Wanderung:** Rodeneck – Nauders – Fröllerberg, 1.291 m

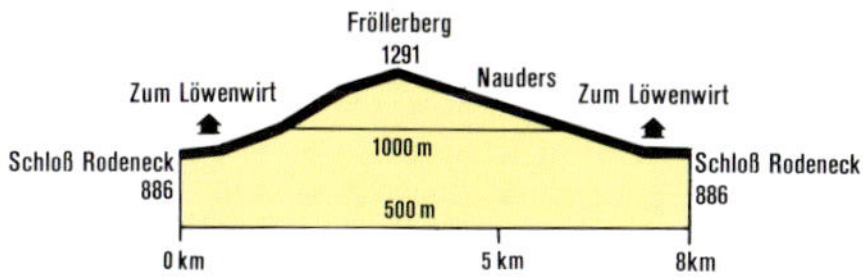

Ausgangspunkt: Rodeneck
Parken: Parkplatz beim Schloß
Höhenunterschied: 400 m

Wanderzeit: 2½ Std.
Schwierigkeitsgrad: leicht!
Einkehr: Zum Löwenwirt

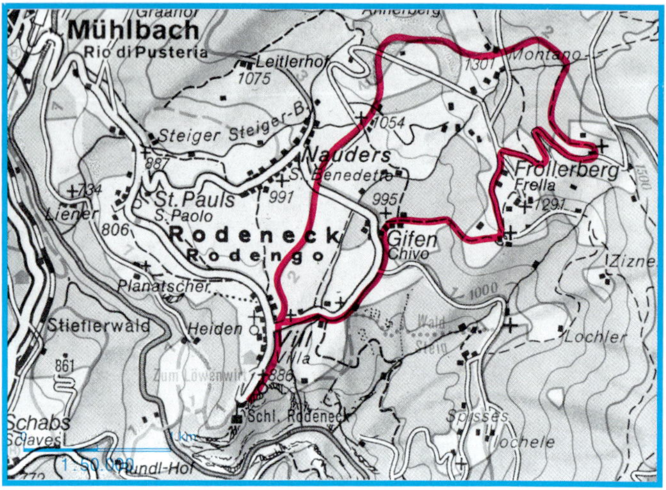

Tourenverlauf: Vom Mühlbach im Pustertal führt ein enges Bergsträßchen nach Rodeneck, wo sich beim Schloß ein großer Parkplatz befindet (Führungen finden um 11 und 15 Uhr statt, Gruppen auch um 16 Uhr). Wir gehen auf der Straße nördlich zurück und folgen bei der Kreuzung der Abzweigung nach Gifen (Wegweiser Nr. 2). Nach 50 Metern verlassen wir die Straße nach links und kommen bei einem alten Bildstock vorbei. Durch einen Hohlweg wandern wir oberhalb der neu angelegten Siedlung vorbei, passieren zwei einzeln stehende Häuser und erreichen auf dem Wiesenweg die Straße Gifen – Nauders. Vom wettergezeichneten Feuerwehrhaus benützen wir die ansteigende Straße auf den Fröllerberg (Markierung 2), der die sonnigen Hänge quert. Großartige Aussicht begleitet uns während des Spaziergangs: über der Kirche von Vill und dem Schloß Rodeneck blickt man auf Viums, die Talweitung von Brixen und den Schlern. Für den Abstieg nehmen wir den steilen Fußweg, der direkt nach Gifen hinabführt. Entlang der wenig befahrenen Straße geht es zum Ausgangspunkt zurück.

41 **Bergwanderung**: Lüsenberg/Zumis, 1.750 m – Rodenecker Alpe, 2.000 m

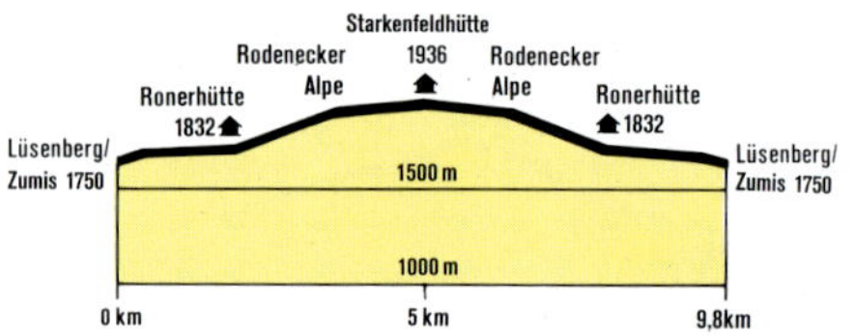

Ausgangspunkt: Lüsen oder Rodeneck
Parken: Zumis
Höhenunterschied: 250 m

Wanderzeit: 4 Std.
Schwierigkeitsgrad: leicht!
Einkehr: Ronerhütte, Starkenfeldhütte

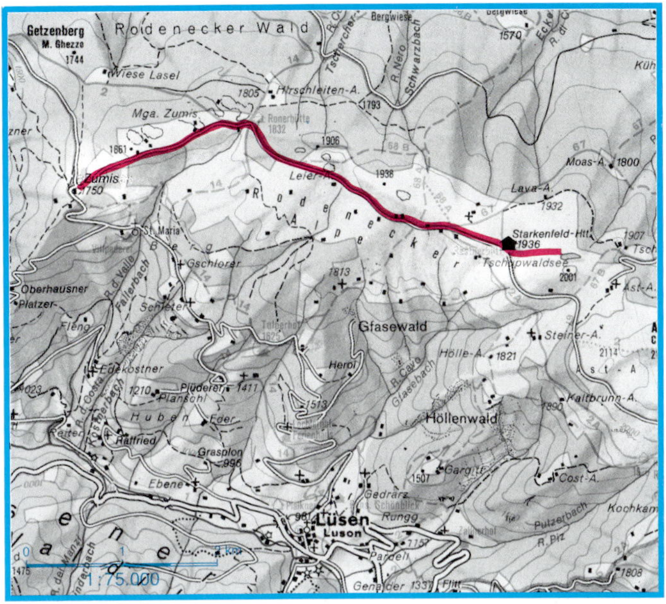

Tourenverlauf: Von Rodeneck über den Fröllerberg oder von Lüsen über Lüsenberg und St. Maria fährt man am kurvenreichen asphaltierten Bergsträßchen nach Zumis, 1.750 m, an. Hier befindet sich ein geräumiger Parkplatz und eine Informationstafel (Loipenplan Rodenecker Alpe, Betrieb oft bis Anfang April!). Nach dem Sperrschranken steigt die Forststraße gemächlich an. Bald tritt man aus dem Wald heraus und erreicht kurz vor der Ronerhütte einen Tümpel (links). Bei der Hütte befindet sich ein Hochmoor.

Blickt man auf die andere Seite des Pustertals, so erblickt man Hochfeiler und Eidechsspitze. Wir setzen den Spaziergang fort, steigen durch den Wald an und betreten so den schönsten Teil der Rodenecker Alpe. Vor uns türmt sich der Peitlerkofel auf, links wird die Kreuzkofelgruppe sichtbar. Ziel der Wanderung ist die Starkenfeldhütte. Wenige Minuten weiter östlich liegt der Tschupwaldsee, wo man gern rastet. Ausdauernde Wanderer können noch bis zur Kreuzwiesenhütte marschieren (von dort Abstieg nach Lüsen, 2½ Std.) Der Rückweg zum Parkplatz wird dadurch schon sehr weit. Wir wandern daher vom Tschupwaldsee an den weidenden Kühen vorbei zurück zur Ronerhütte und wahlweise am Fahrweg oder am alten Karrenweg durch Wald und Lichtungen zum Parkplatz.

42 **Wanderung:** Lüsen – Kreuzwiesenhütte, 1.925 m

Ausgangspunkt: Lüsen
Parken: GH Tulperhof
Höhenunterschied: ca. 400 m

Wanderzeit: 6 Std.
Schwierigkeitsgrad: leicht!
Einkehr: Ronerhütte, Kreuzwiesenhütte

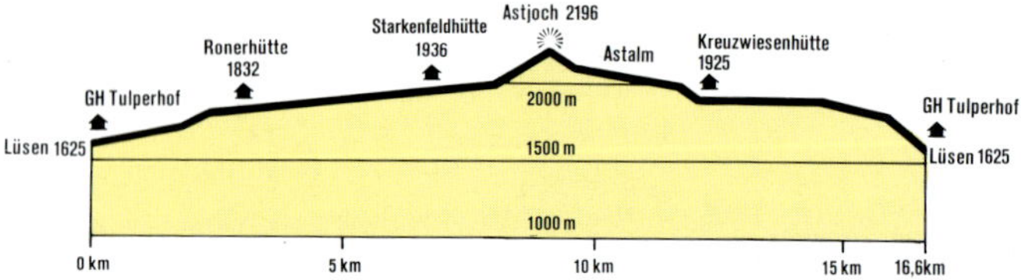

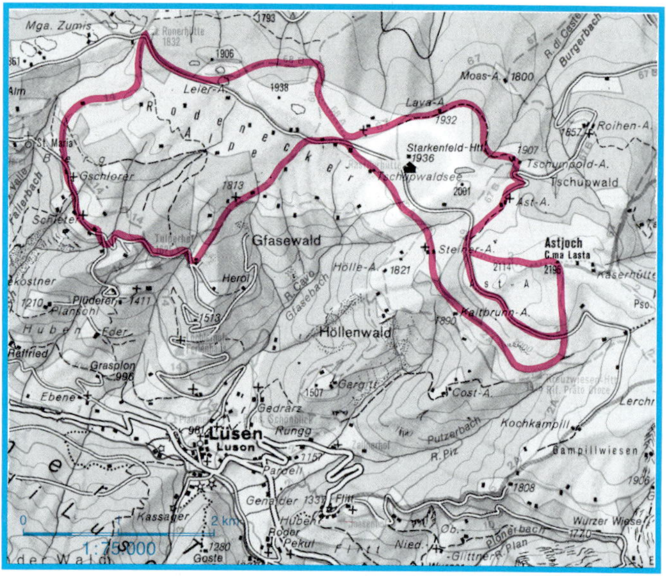

Tourenverlauf: Hoch über dem Lüsener Tal gelegen beginnt diese Wanderung beim GH Tulperhof zuerst ein kurzes Stück nordwärts entlang der Straße, dann über einen markierten Steig, einige Gräben querend hinauf zum Gschlorerhof. Von hier nun über den Weg 14 durch den Wald hinauf auf den weitläufigen Almrücken der Rodenecker Alm bzw. zur Ronerhütte. Hier nun weiter Blick über die Pfunderer Bergkette. Entlang der Forststraße nun in südöstlicher Richtung hinauf. Nach wenigen Metern links ab in einen Waldsteig, der ein Stück Straße wiederum abkürzt. Bei der Einmündung in die Straße beginnt nun die beinahe ebene Wanderung über den langgezogenen Lüsener Almrücken. Vor uns nun stets die Felserhebung des Peitlerkofels, rechts davon Telegraph und Plosespitze. Nach der Starkenfeldhütte um einen Bergrücken herum zur Astalm. Kurz darauf lohnende Abzweigmöglichkeiten zum leichten Gipfel des Astjochs mit lohnender Rundsicht. Der Weg zur Kreuzwiesenhütte führt jedoch um die Westseite des Astjoches herum und zweigt dann über einen bezeichneten Steig von der Forststraße ab. Von der Kreuzwiesenhütte nun zurück über Weg 2A zur Raffreidalm und Gasser-Steineralm. Dort den Gfasebachgraben querend wieder hinüber zu den Almhütten unterhalb der Starkenfeldhütte. Über einen gleich nach Erreichen der Straße wieder links abzweigenden Steig nun über einen Alm-, später Waldweg wieder hinunter zum Gasthof Tulperhof.

Lüsenberg

43 **Wanderung:** St. Andrä – St. Leonhard

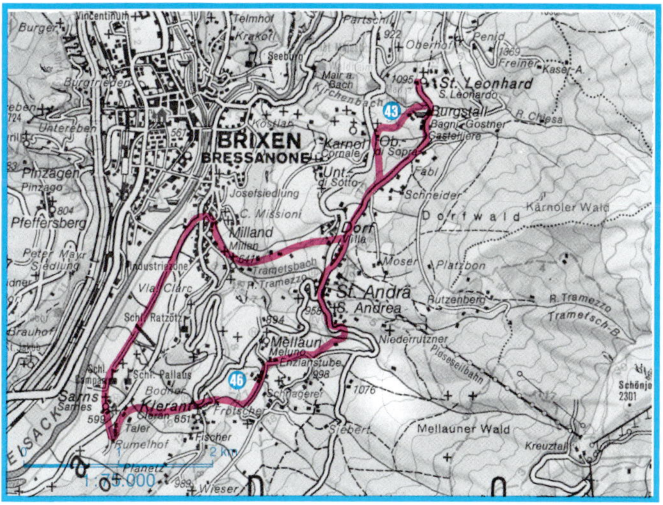

Ausgangspunkt: St. Andrä
Parken: in Kirchennähe
Höhenunterschied: 100 m
Wanderzeit: 1½ Std.
Schwierigkeitsgrad: leicht!
Einkehr: Alpenrose, in St. Leonhard

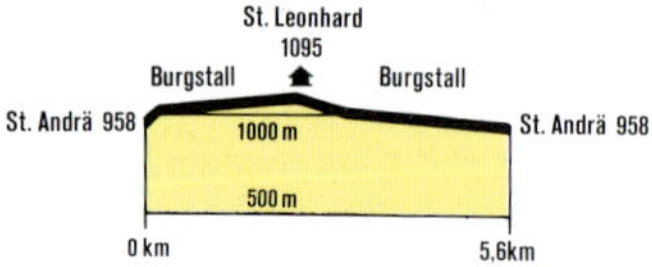

Tourenverlauf: Bei der Kirche von St. Andrä beginnt unsere Wanderung. 150 Meter nördlich, beim Parkplatz Schönblick zweigt man rechts aufwärts ab und gelangt nach wenigen Schritten zum Feuerwehrhaus. Daneben befindet sich der Wegweiser »Waldweg St. Leonhard – Mellaun – Klerant«. Oben am Waldrand wenden wir uns links und spazieren am flachen Waldweg oberhalb der Siedlung weiter, überschreiten einen gewundenen Bachverlauf, queren eine Forststraße und erreichen bei einer Bank den Zufahrtsweg zum Fußballplatz. Entweder auf diesem, oder durch den Wald erreicht man den Gasthof Alpenrose an der Verbindungsstraße St. Andrä-St. Leonhard. Nun ist unser Wanderziel bereits sichtbar und wir streben diesem auf der unteren, wenig befahrenen Asphaltstraße zu. Nachdem man ein tief eingeschnittenes Tälchen durchwandert hat, passiert man den Burgstall und erreicht den hoch über dem Brixener Becken gelegenen Ort St. Leonhard. Beim Rückweg biegt man nach dem Burgstall (Wegweiser, blau-weiße Markierung) rechts ab und spaziert über zahllose Rinnsale, immer im Wald, bis unterhalb des Gasthofes Alpenrose. Bei der Zufahrt zum Fußballplatz wechseln auch wir die Straßenseite und spazieren in Straßennähe zurück nach St. Andrä. Am schönsten ist diese Tour im Herbst, wenn verfärbte Bäume und klare Sicht auf Brixen diesem Spaziergang eine besondere Note geben.

44 **Wanderung:** Vahrn – Vahrner See – Neustift – Vahrn

Ausgangspunkt: Vahrn
Parken: im unteren Ortsbereich
Höhenunterschied: ca. 200 m
Wanderzeit: 3 Std.
Schwierigkeitsgrad: leicht!
Einkehr: Gasthof am Vahrner See

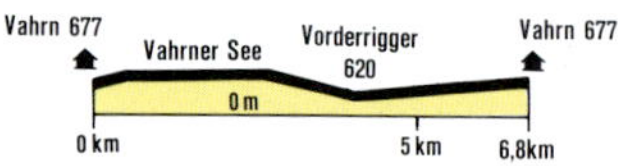

Tourenverlauf: Vom Dorf Vahrn aus nehmen wir den Weg Nr. 1 nach Norden zum Vahrner See. Über den Spilucker Bach hinüber folgen wir dann dem fast eben verlaufenden Weg entlang des Bahndammes der Brennerbahn und bald erreichen wir den Parkplatz am Vahrner See. Beim See steht auch ein Gasthaus zur Einkehrmöglichkeit zur Verfügung.
Hinter dem Gasthof beginnt nun der ruhige Wanderweg im Naturschutzgebiet um den schilfbewachsenen See herum. Nach Umrundung gelangen wir bald zur asphaltierten Zufahrtsstraße. Hier nun links ab unter Eisenbahn und Autobahn durch hinauf zur Bundesstraße. Dieser 50 m entlang südwärts und nach einer Kaserne links ab über einen mit 1 markierten Weg hinunter zu Gehöften. Über einen fast ebenen geschotterten Fahrweg hinunter zur Eisack in südlicher Richtung, wo eine Holzbrücke diese überquert. Jenseits der Brücke nach rechts in ca. 15 Minuten nach Neustift. Über die malerische Brücke beim Brückenwirt wieder an das westliche Eisackufer und

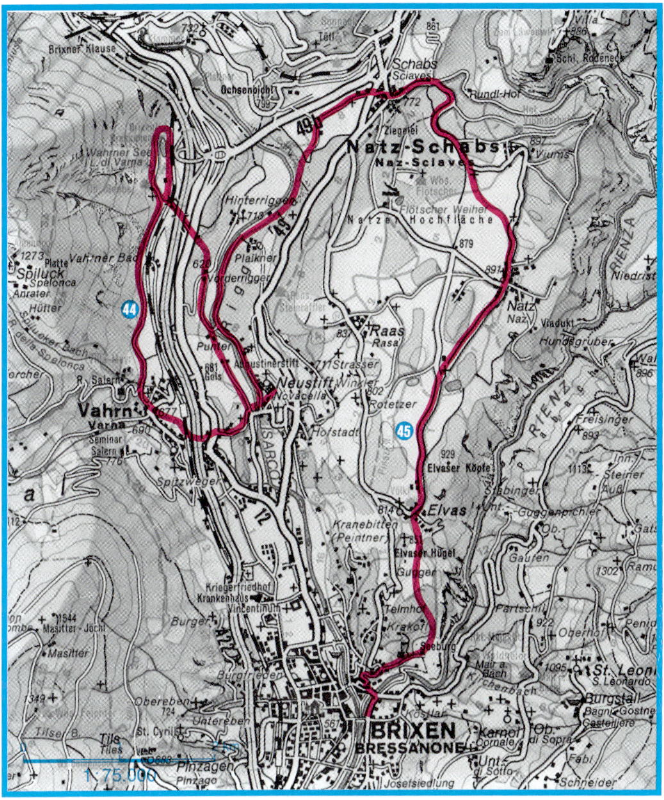

dann rechts hinauf, dann gleich wieder links ab über einen Verbindungsweg zur Bundesstraße in Vahrn und zurück zum Ausgangspunkt.

45 Wanderung: Brixen – Natz – Schabs – Neustift – Brixen

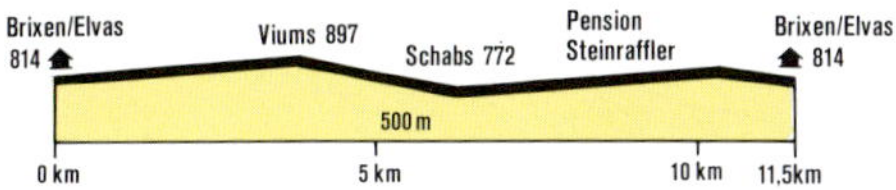

Ausgangspunkt: Brixen
Parken: Via C. Battisti (Eisackallee)
Höhenunterschied: 325 m
Wanderzeit: 5 Std.
Schwierigkeitsgrad: leicht!
Einkehr: mehrere Möglichkeiten an der Strecke
Karte: siehe oben

Tourenverlauf: Von der Via C. Battisti hinauf in die Elvaserstraße und bei einer starken Linkskurve rechts ab in einen Weg unterhalb einer Steinmauer. Der Markierung 1 folgend und gleich wieder links ab und stets der Mar-

kierung folgend teilweise durch Wald- und Wiesenstücke und entlang von Obstgärten zu einem Fahrweg am Pinazbichl und nach Elvas. Nun ein Stück weiter nordwärts entlang der Straße; über welche als nächstes Natz erreicht werden kann. Als Variante abseits der Straße bietet sich eine kleine Abzweigung mit blauer Markierung an, ist jedoch etwas länger. Nun weiter nordwärts Richtung Viums, jedoch kurz nach Natz links ab in einen Feldweg, über welchen der Straßenbogen durch Viums abgekürzt wird. In einer Kurve stoßen wir wieder auf die Straße, über welche wir in kurzem hinunter nach Schabs gelangen. Bei der Kirche rechts vorbei und nach 50 m links hinunter über den Weg Nr. 8 über Felder und hinter einer Tankstelle vorbei hinunter in den Eisackgraben. Vorbei an einigen bizarr geformten Erdpyramiden nun entlang des Flusses südwärts bis zu einer Forststraße. Entlang dieser nun weiter nach Neustift und nach Brixen.

St. Andrä

46 **Wanderung:** Brixen — Mellaun — Klerant — Sarns — Milland

Ausgangspunkt: Brixen
Parken: ehem. Talstation der Plose-Seilbahn
Höhenunterschied: ca. 400 m
Wanderzeit: 4½ Std.
Schwierigkeitsgrad: leicht!
Einkehr: mehrere Möglichkeiten an der Strecke
Karte: siehe Seite 83

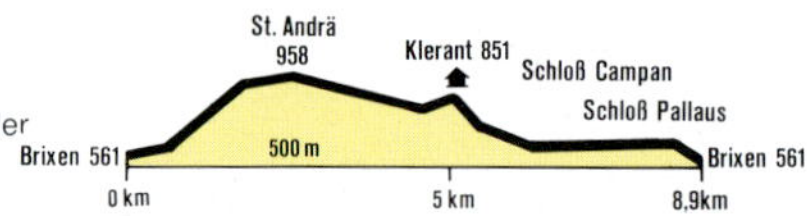

Tourenverlauf: Wir folgen der Straße, wo die ehemalige Talstation der Plose-Seilbahn liegt, ein kurzes Stück aufwärts. Entlang eines kleinen Bachlaufes nun links ab und über den Weg Nr. 8 hinauf zu einer Mittelgebirgsstufe, wo wir einen Fahrweg erreichen. Ein Stück diesem entlang und dann nach rechts hinüber ins Dorf St. Andrä abzweigen. Unser Weg mündet im Ort in die Plosestraße ein. Diese überqueren und hinter der Kirche wieder über einen Steig hinab zur Straße. Wir folgen dieser durch den Lamplgraben und zweigen ein Stück nach dessen Überquerung links über einen Weg nach Mellaun ab. Nun über die Dorfstraße hinauf und bei einer Kurve rechts abzweigend über den Weg 18 nach Klerant. Hinunter in das Dorf und durch dieses hindurch wiederum zur Plosestraße. Dieser talwärts folgend zweigen wir nach einer starken Kehre wieder links in den Wanderweg 18 ab. Hier durch Wald und über Felder von der Mittelgebirgskuppe herab zu Obstplantagen und nach Sarns. Hier nun über die Straße und über Wirtschaftswege an alten Schlössern vorbei zur Eisack und dem Promenadenweg entlang zurück nach Milland und zum Ausgangspunkt.

47 **Bergwanderung:** Brixen/Kreuztal, 2.000 m – Plosehütte, 2.447 m – Pfannspitze, 2.547 m – Großer Gabler, 2.574 m

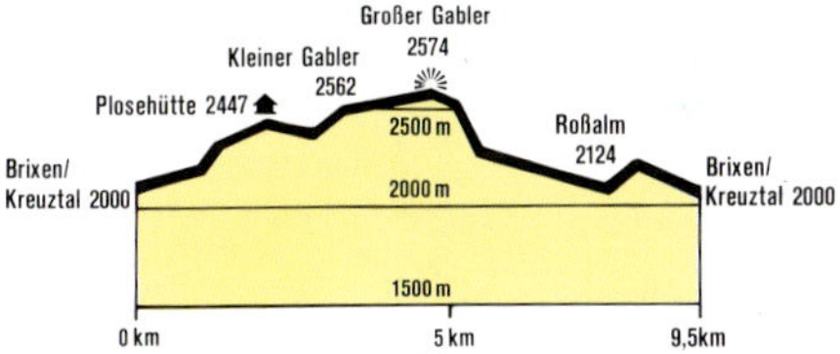

Ausgangspunkt: Brixen/Kreuztal
Parken: Kreuztal, unterhalb der Hotels
Höhenunterschied: 530 m

Wanderzeit: 4½ Std.
Schwierigkeitsgrad: leicht!
Einkehr: Plosehütte

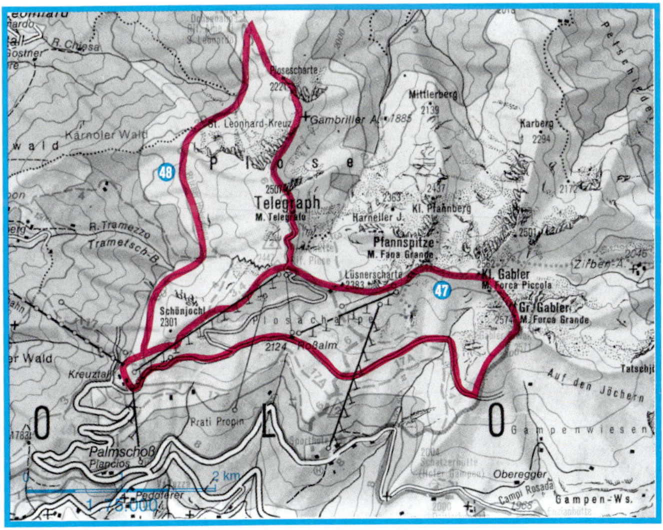

Tourenverlauf: Vom Parkplatz in Kreuztal hinauf das kurze Stück zur Seilbahn-Bergstation. Hinter dem Gebäude nun über einen Steig hinauf und durch ein Gatter über einen Weg hinauf zu den Skipisten. Hier nun in mäßiger Steilheit über kleine Serpentinen zu einer Senke oberhalb eines kleinen Wasserspeichers. Über einen Almhang nun hinauf zu einer kleinen Hütte oberhalb eines Wirtschaftsweges. Der letzte Abschnitt bis zur Plosehütte führt nun über leicht kuppiertes Gelände entlang der Skipisten. Nach Rast und Einkehr nun Richtung Osten mit Blickrichtung zu einer Lift-Bergstation. Hier nun hinunter in die Lüsnerscharte und im Gegenanstieg, wieder eine Liftstation passierend, zu einer Scharte unterhalb der Pfannspitze. In leichter Kammüberschreitung nun zum bereits sehr aussichtsreichen Kleinen Gabler. Von hier nun in kurzem Übergang zur Felskuppe des Großen Gablers mit großartiger Rundsicht. Für den Abstieg nun weglos hinunter über den Südrücken ca. 250 Höhenmeter bis zu einem Almweg. Diesem nun talwärts folgend erreichen wir nach Querung zahlreicher Gräben über die Roßalm wiederum den Ausgangspunkt in Kreuztal.

48 **Bergwanderung:** Brixen/Kreuztal, 2.000 m – Brixner Höhenweg – Ochsenalm, 2.085 m – Telegraph, 2.507 m

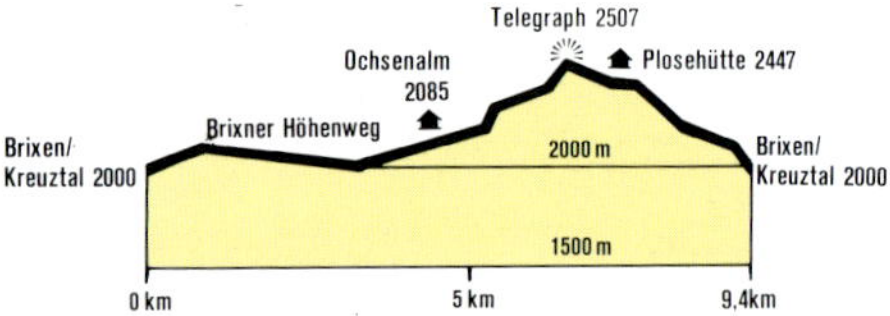

Ausgangspunkt: Brixen/Kreuztal
Parken: Kreuztal, unterhalb der Hotels
Höhenunterschied: 450 m
Wanderzeit: 3 Std.
Schwierigkeitsgrad: leicht!
Einkehr: Ochsenalm
Karte: siehe Seite 89

Tourenverlauf: Wer lobenswerterweise mit seinem Fahrzeug nicht so weit in Gebirgsregionen vordringen möchte, dem steht auch eine Fahrt mit der Plose-Seilbahn ab St. Andrä als Aufstiegshilfe bis zum Ausgangspunkt dieser Tour zur Verfügung. Wir starten unsere Route nördlich der Seilbahnbergstation beim gut beschilderten und markierten Weg Richtung Ochsenalm, bekannt auch als »Brixner Höhenweg«. Zuerst ein Stück aufwärts, dann entlang einer Skipiste kurz hinunter und im Gegenanstieg über Serpentinen hinauf über die Baumgrenze, wo wir nun über einen Weg mit geringen Höhenunterschieden, einige Gräben ausgehend nach ca. 1¾ Std. die Ochsenalm erreichen. Nach Rast und Einkehr wenden wir uns nun dem in südöstlicher Richtung beginnenden Aufstiegsweg (Markierung 6) zum Telegraph zu. Über einen Almsteig, den Westhang der Kleinen Plose querend, gelangen wir vorerst zur Ploseścharte. Nun einigermaßen steil hinauf über den steinigen Nordgrat zum St.-Leonhard-Kreuz und über viele kleine Serpentinen zum Gipfelplateau des Telegraph, dessen Westbereich einer militärischen Sperrzone vorbehalten ist. Trotzdem ist die Rundsicht umfassend. Als Abstieg empfiehlt sich der Weiterweg in ca. 10 Minuten zur Plosehütte und von hier in einer knappen Stunde weiter nach Kreuztal.

49 **Wanderung:** Schalderer Tal

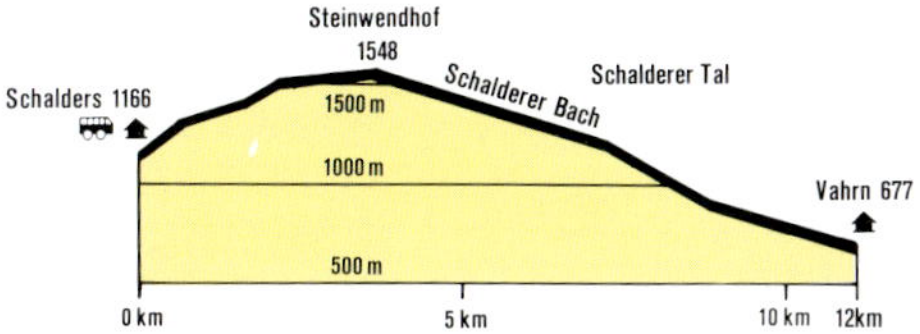

Ausgangspunkt: Vahrn
Parken: im unteren Ortsbereich
Höhenunterschied: 900 m

Wanderzeit: 4 Std.
Schwierigkeitsgrad: leicht!
Einkehr: in Schalders oder Vahrn

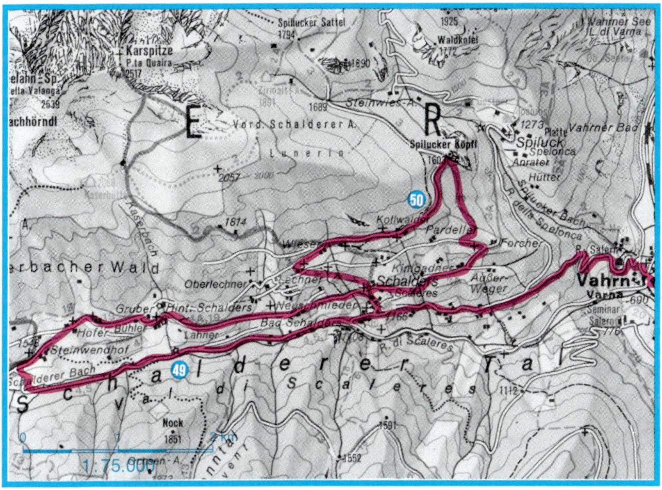

Tourenverlauf: Mit der Buslinie oder evtl. Mitfahrmöglichkeit von Vahrn hinauf zum Dorf Schalders. Gleich ober der Kirche beginnt ein Seitenweg, über den wir zwischen den Häusern bergan steigen. Über einen mit 4A markierten Verbindungspfad gelangen wir zu einer kleinen Straße, der wir nun taleinwärts, meist mäßig steigend, manchmal leicht fallend folgen. Wir queren nach ca. 1 Stunde den Lahner Graben und erreichen eine Gruppe von Höfen. Unterhalb eines unbewohnten Hofes geht es nun wieder über Markierung 4A Wiesenhänge und Felder querend sowie durch ein Waldstück zum Steinwendhof im Schalderer Talschluß. Über den Hofzufahrtsweg gelangen wir hinunter zum Bach im Talgrund. Die ab hier meist sehr schattige und kühle Talauswärtswanderung entlang des Baches legt die Empfehlung nahe, diese ruhige Wanderung vor allem an heißen Sommertagen durchzuführen, wobei der sonnige Taleinwärtsweg am frühen Morgen begangen wird. Beim alten Badwirtgebäude mündet von oben kommend die Verbindungsstraße vom Schalderer Dorf ein. Über kuppiertes Gelände neben dem Bach entlang (im Winter Rodelbahn!) talauswärts bis nach Vahrn.

Smaragdeidechse

50 **Bergwanderung:** Schalders – Spilucker Köpfl, 1.603 m – Schalders

Ausgangspunkt: Schalders
Parken: oberhalb der Kirche
Höhenunterschied: 440 m
Wanderzeit: 3 Std.
Schwierigkeitsgrad: leicht!
Einkehr: in Schalders
Karte: siehe Seite 91

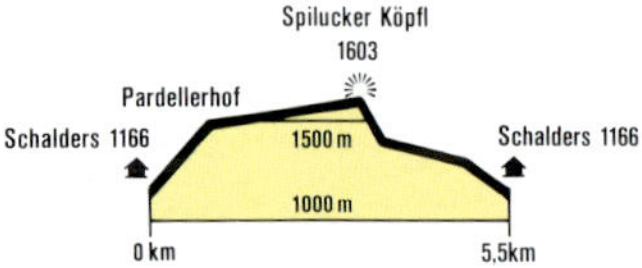

Tourenverlauf: Wir folgen vorerst der asphaltierten Dorfstraße ca. 5–10 Minuten aufwärts. Bei einer rechts gelegenen Straßenausweiche zweigt links der Weg Nr. 3 ab, über welchen wir nun teilweise äußerst steil die weitausholende Kehre der Auffahrtsstraße abkürzen. Nahe dem Pardellerhof stößt dieser Steig wieder zur Straße. Diese wird nur kurz überquert und wir folgen wiederum dem nach wie vor ziemlich steilen markierten Steig Nr. 3. Über Wiesen-, jedoch meist Waldgelände steigen wir nun über einen Hang ostseitig hinauf. Durch lichten Hochwald gelangen wir im letzten Stück beinahe zur Forststraße. Wir biegen jedoch in den links von der Straße kommenden Steig nach rechts ein und gelangen in wenigen Schritten zum Kreuz des Spilucker Köpfls, einem schönen Aussichtsplatz vor allem auf den Brixner Talkessel, das Plosegebiet und die dahinterliegenden Dolomitenerhebungen. Für den Abstiegsweg nun zurück zur Forststraße. Über diese nun in mäßigem Gefälle hinunter, den Forstschranken passierend vorbei an den ersten Gehöften. Kurz nach dem Wieserhof mündet von rechts der Weg 2 von der Karspitze kommend ein, der links kurz später die Straße wieder links hinunter verläßt. Über diesen hinunter, ein weiteres Mal die Straße querend, zurück nach Schalders.

• Verkehrsverein, Fremdenverkehrsverband — Straße — Eisenbahn
Seilbahn, Sesselift — 53 Lage der beschriebenen Wanderwege

Ortsbeschreibungen:

BARBIAN/BARBIANO

Gemeinde, Provinz Bozen, Einwohnerzahl: 1.450, Seehöhe: 830 m, Postleitzahl: I-39040. **Auskunft:** Tourismusverein Barbian. **Bahnstation:** Waidbruck (4 km). Busverbindung mit Kastelruth, Klausen, Brixen, Bozen und Lajen, in das Grödner Tal und auf die Seiser Alm.

Barbian schmiegt sich mit seinen Häusern, die inmitten ausgedehnter Zwetschkenkulturen liegen, an die Ausläufer des Rittner Horns. Eine schöne Straße (nicht für Busse geeignet!) führt von Barbian über Kollmann auf den Ritten.

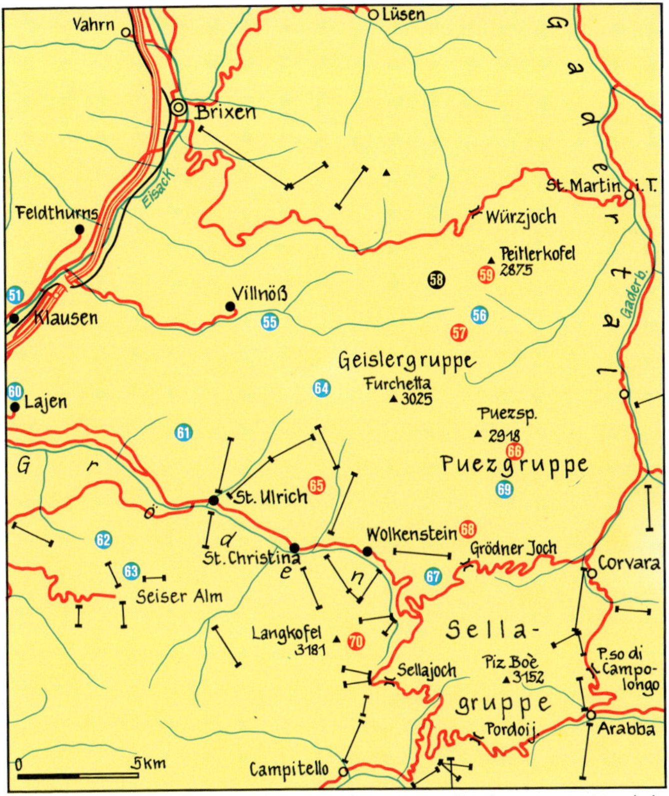

● Verkehrsverein, Fremdenverkehrsverband —— Straße —— Eisenbahn
—— Seilbahn, Sessellift ⑦⓪ Lage der beschriebenen Wanderwege

Sehenswert im Ort und in der Umgebung

Der **schiefe Turm.** Der **Wasserfall** des Ganderbaches. **Bad Dreikirchen** mit den drei aneinandergebauten Kirchen St. Nikolaus, St. Magdalena und St. Gertrud. Gotischer Altar und Nikolausfigur, Ende 15. Jh. (St. Nikolaus); Wandgemälde, frühes 15. Jh. (St. Gertrud); spätgotischer Flügelaltar (St. Magdalena).

FELDTHURNS/VELTURNO

Gemeinde, Provinz Bozen, Einwohnerzahl: 2.300, Seehöhe: 851 m, Postleitzahl: I-39040. **Auskunft:** Tourismusverein Feldthurns. **Bahnstationen:** Klausen (4 km) und Brixen (8 km). Busverbindung mit Brixen.

Feldthurns liegt auf der sonnigen Höhenterrasse, die sich vom Pfeffersberg oberhalb von Brixen bis zum Thinnebach bei Klausen entlangzieht. Sehr schöne Bauernhöfe und alte Ansitze prägen das Bild des Dorfes. Malerische Winkel, vor allem aber die bis in den Ortskern vorgeschobenen Obstkulturen, mächtige Nußbäume und besonders herrliche Kastanienhaine verleihen dem kleinen Bergdorf etwas zauberhaft Verträumtes. Auf der gegenüberliegenden Seite zieht sich die Kulisse der Dolomiten von der Peitlerkofelgruppe bis zur Geislergruppe hin. Feldthurns ist prähistorischen Ursprungs. Um 1112 hatten die Herren von Velturns auf Burg Ziern ihren Sitz. Das vom Kardinal Christoph von Madrutz 1578 und seinem Nachfolger Johann Thomas von Spaur erbaute Schloß Feldthurns ist mit Decken- und Wandtäfelungen ausgeschmückt, die zu den kunstvollsten Arbeiten der Renaissance zählen.

Sehenswert im Ort und in der Umgebung

Die **Pfarrkirche Mariä Himmelfahrt**, vorwiegend spätgotisch, öfters umgebaut, zuletzt 1898. **St. Laurentius**, romanisch bis gotisch, erbaut 1302, 1400 erweitert, Turm 16. Jh. **St. Anton** im Moos, erbaut 1670 (seltsamer Baustil). St. Georg in Schnauders, spätgotisch, im 14. Jh. erwähnt. **St. Peter** in Schrambach, 1248 erwähnt, 1503 umgebaut (wertvolle Holzskulptur). **St. Florian** in der Klamm, 17. Jh. **St. Andreas** in Garn, ursprünglich romanisch, im 15. Jh. gotisiert, im 17. Jh. umgebaut. **Schloß Feldthurns**, im 16. Jh. erbaut und mit bedeutenden Kunstwerken ausgestattet. Besonders sehenswert die Vertäfelungen und Einlegearbeiten an den Portalen. Die vergoldeten Kassetten der Decke des Fürstenzimmers zählen zu den kostbarsten Arbeiten des Kunstschnitzerhandwerks. Von großer Farbenkraft und reicher künstlerischer Phantasie zeugen auch die Freskenzyklen in einigen Sälen. Bis zur Säkularisation bischöflicher Besitz, später kaiserliches Eigentum, kam Schloß Feldthurns an die Freiherren von Goldegg und von diesen an die Fürsten von Liechtenstein. Heute ist es im Besitz der Provinz Bozen. Besichtigung bei Führungen möglich. Erkundigen Sie sich unter der Telefonnummer 0472/85 55 25. Ansitz **Raffenberg**, erbaut im 15. Jh. **Ziernfeld** am Pflegerbichl, um 1556 erbaut (schöne Täfelung aus dem 16. Jh.).

KLAUSEN/CHIUSA

Stadtgemeinde, Provinz Bozen, Einwohnerzahl: 4.300, Seehöhe: 525 m, Postleitzahl: I-39043. **Auskunft:** Tourismusverein Klausen. **Bahnstation:** im Ort. Busverbindung mit Bozen, Brixen und Bruneck.

Klausen findet sich bereits auf dem berühmten Bild Albrecht Dürers, »Das große Glück«. Das altersgraue Städtchen schmiegt sich an den »Heiligen Berg Tirols«, den Klosterfelsen von Säben. Malerische Häuser mit Erkern, Zinnen und Butzenscheiben umsäumen die enge Hauptgasse. Die Kastanienhaine und Rebenhänge um die alten Ansitze ziehen einen stimmungsvollen Kranz rings um das Städtchen, das am Ostrand des Villanderer Berges zwischen der tiefen Schlucht des Thinnebaches und des Eisacks liegt. Hier befand sich früher die Zollstation der Bischöfe von Brixen. Als Stadt entwickelte sich die Siedlung erst, nachdem der Bischofssitz vom Kloster Säben nach Brixen verlegt worden war. Das Stadtrecht erhielt sie 1308. 1428 auch ein Jahrmarktsprivileg, außerdem wurde sie Gerichtsort unter dem Schutz der ihr vorgelagerten Burg Branzoll.

Das mittelalterliche Stadtbild, die so südlich anmutende Atmosphäre machten Klausen bis in unsere Tage zum Ziel vieler Künstler. Dazu trug

Klausen mit Burg

wohl auch die Nähe der mutmaßlichen Heimat Walthers von der Vogelweide im benachbarten Lajener Ried bei. Auch Leuthold von Säben wirkte hier. Der Tiroler Freiheitskämpfer Pater Joachim Haspinger lebte hier im Kapuzinerkonvent. Im Jahre 1921 suchte eine furchtbare Überschwemmungskatastrophe den Ort heim, während des Zweiten Weltkrieges fielen Bomben auf Pfarrkirche, Burg Branzoll und das Kloster Säben. Eine halbe Stunde von Klausen entfernt liegt das 1683 gegründete Benediktinerinnenkloster Säben. Auf dem Felsen befand sich schon ein rätisches Heiligtum, aus der Römerzeit knüpft sich an den Ort die Sage von König Arostages, 1535 brannte die Burg nieder, auf deren Fundamenten das Kloster errichtet wurde.

Sehenswert im Ort und in der Umgebung

Die **Pfarrkirche St. Andreas,** erbaut 1482 bis 1498; Portal 1496, wertvolle Holzskulpturen, Kreuzigungsrelief, Spiralgitter in der Seitenkapelle. Der **Loretoschatz** im Ausstellungsraum südl. der Kapuzinerkirche, Geschenk der Königin Maria Anna von Spanien, Feldaltar des spanischen Königspaares, Bilder niederländ. und niederrhein. Meister, Immaculata von Giordano, Meßgeräte aus Bergkristall, chines. Porzellan. **Kapuzinerkirche** mit Loretokapelle; **Bildnis der Kircheneinrichtung von Nazareth.** Das **Kapuzinerbergl** mit prähist. Funden. **Apostelkirche,** 15. Jh., mit Sebastianskapelle, ehem. Gruftkirche der Kreuzfahrer. **Rathaus,** einstiges Zollhaus, in dem der Bauernrebellenführer Michael Gaismair 1525 amtierte. Das **Haspinger-Denkmal. Burg Anger. Burg Branzoll,** 13. Jh. Ansitze **Seebegg, Lusenegg. Säben,** barocke **Klosterkirche,** Grab des Klosterstifters, Marien-Gnadenbild. **Liebfrauenkirche,** 17. Jh. **Heiligkreuzkirche,** 7. Jh., dann spätgotisch und im 17. Jh. renoviert, schönes Altarkruzifix, Sackleinenbemalung; Kassiansturm und Kapelle; das **Wunderkreuz** gegen Augenleiden.

LAJEN/LAION

Gemeinde, Provinz Bozen, Einwohnerzahl: 1.950, Seehöhe: 500 – 1.000 m, Postleitzahl: I-39040. **Auskunft:** Tourismusverein Lajen. **Bahnstation:** Klausen (8 km) und Waidbruck (5 km). Busverbindung mit Waidbruck und Klausen.

Das Dorf Lajen liegt auf einer Anhöhe oberhalb Waidbruck inmitten von Obstkulturen, Nuß- und Kastanienhainen. Vom Lajener Ried aus genießt man einen lohnenden Blick in das Eisacktal. Inmitten der idyllischen Landschaft des Ried steht der Vogelweiderhof, der Überlieferung nach das Geburtshaus des Minnesängers Walther von der Vogelweide. Lajen hatte seinen Ursprung in einer römischen Siedlung. Es kam 1199 unter Otto von Andechs an das Bistum Freising.

Sehenswert im Ort und in der Umgebung

Die **Pfarrkirche,** 1845 erbaut. **Liebfrauenkirche,** 1147 erwähnt, Gotik und Renaissance. **Kirche in Tschövas,** 15. Jh. Der **Unterfinsterhof,** als **Vogelweiderhof** und Geburtshaus Walthers von der Vogelweide bekannt; Gästebücher, Gedenktafel.

ST. CHRISTINA IN GRÖDEN/S. CRISTINA VALGARDENA

Gemeinde, Provinz Bozen, Einwohnerzahl: 1.600, Seehöhe: 1.426 m, Postleitzahl: I-39047. **Auskunft:** Tourismusverein St. Christina in Gröden. **Bahnstation:** Klausen (24 km). Busverbindung mit Klausen, Bozen und Waidbruck. **Bergbahnen:** Seilbahnen und Schlepplifte.

Neben St. Ulrich ist St. Christina der bedeutendste Fremdenort des Grödner Tales. Die Lage an der Seceda Alpe, am berühmten Skigebiet des Monte Pana, an den Cisles- und Mastlé-Almen machen den sauberen Ort zum beliebten Ziel der Besucher in Sommer und Winter. Geislerspitzen, Langkofelgruppe, der mächtige Sellastock und die weite Hochfläche der Seiser Alm umgeben im Halbkreis das Hochtal und laden den Spaziergänger, Wanderer, Bergsteiger und Skifahrer zu unvergeßlichen Ausflügen ein. Wie überall im Tal ist die Bevölkerung ladinisch. Sie hält trotz der modernen Zeit, die in das Tal mit Macht vordrängt, an ihren alten Bräuchen fest. Besonders die kirchlichen Feste werden noch im Schmuck der wunderschönen alten Trachten begangen.

Sehenswert im Ort und in der Umgebung

Die **Pfarrkirche,** 14. Jh., gotisch. Die **Fischburg,** erbaut 1624—1644 von den Grafen Wolkenstein. Das **St.-Jakobs-Kirchlein,** 13. Jh., ältestes Gotteshaus des Tales. **Ruine Wolkenstein. Bildschnitzerwerkstätten.**

St. Jakob mit Langkofel

ST. ULRICH IN GRÖDEN/ORTISEI

Gemeinde, Provinz Bozen, Einwohnerzahl: 4.250, Seehöhe: 1.236 m, Postleitzahl: I-39046. **Auskunft:** Tourismusverein St. Ulrich in Gröden. **Bahnstation:** Waidbruck (13 km). Busverbindung mit Klausen, Bozen, Waidbruck, Canazei und Corvara – Bruneck. **Bergbahnen:** Sessel- und Schlepplifte.

St. Ulrich, der Hauptort des von Ladinern bewohnten Grödner Tales, genießt einen internationalen Ruf als Ferien- und Luftkurort. Es liegt geschützt in einer Mulde gegenüber dem steil aufragenden Langkofel, in unmittelbarer Umgebung sonniger Matten und Almböden und auch in idealer Position für zahlreiche Ausflüge in das gesamte Dolomitengebiet. Skifahrer, Bergsteiger und Wanderer aller Leistungsklassen finden im Grödner Tal und auf der Seiser Alm ein wahres Paradies. Auch Rennkanonen haben hier ihren Spaß, was dadurch bewiesen ist, daß das Grödner Tal Schauplatz der Alpinen Skiweltmeisterschaften 1970 war. 1981 wurde in St. Ulrich die Eishokkey-Weltmeisterschaft der Gruppe B ausgetragen. In St. Ulrich ist das Grödner Bildschnitzergewerbe heimisch, dessen Nachwuchs in einer eigenen Fachschule ausgebildet wird.

Sehenswert im Ort und in der Umgebung

Pfarrkirche St. Ulrich, 18. Jh.; Figuren und Schnitzarbeiten einheimischer Bildschnitzer. **Heimatmuseum,** ladinisches Brauchtum, Funde aus der

La-Tène-Zeit, Schnitzarbeiten und Malerkunst aus Ladinien, Mineraliensammlung. **Kirche St. Jakob,** 13. Jh., Hauptaltar aus der Werkstätte der ersten Grödner Bildhauersippe. **Pfarrkirche** St. Christina, 14. Jh. Die **Fischburg,** 17. Jh. **Ruine Wolkenstein.** Der **Vogelweider Hof** in Lajen, mutmaßliche Geburtsstätte von Walther von der Vogelweide.

VILLANDERS/VILLANDRO

Gemeinde, Provinz Bozen, Einwohnerzahl: 1.750, Seehöhe: 880 m, Postleitzahl: I-39043. **Auskunft:** Tourismusverein Villanders. **Bahnstation:** Klausen (6 km). Busverbindung mit Klausen.

Das Gemeindegbiet von Villanders erstreckt sich vom Tal des Eisacks bis zum 2509 m hohen Villandererberg. Klimatisch weist es durch seine ost-südlich geneigte Hangfläche günstige Bedingungen auf, die sowohl der vielfältigen Landwirtschaft als auch dem Fremdenverkehr zugute kommen. Die Temperaturen sind im allgemeinen mild, was auch der Anbau von Reben bis zu einer Höhe von 700 m beweist. Der Berghang von Villanders wird von mehreren Schluchten und Bächen fast senkrecht durchbrochen, die eine Abgrenzung der drei Weiler bzw. Fraktionen erkennen lassen: St. Valentin mit dem Schloß Gravetsch, der Hauptort mit der Pfarrkirche zum hl. Stefanus und der Weiler St. Moritz mit dem Ansitz Pardell. War früher der größte Teil der Bevölkerung von Villanders in der Landwirtschaft tätig, so sind heute viele in Handwerks- und Industriebetrieben und im Dienstleistungsbereich beschäftigt. Die Geschichte von Villanders ist eng mit dem Bergbau am Pfunderer Berg verbunden. Auf dem Plunacker ist ein archäologisches Grabungsfeld, auf dem Siedlungsspuren aus dem Neolithikum, der Römerzeit und dem Fühmittelalter nachweisbar sind.

Sehenswert im Ort und in der Umgebung

Die **Pfarrkirche zum hl. Stephan,** 15. und 16. Jh. (Fresken von Alessio Longhi, wertvolle Glasfenster). **St. Michael** am Friedhof, 1344 geweiht. **St. Valentin,** got., 15. Jh. mit angebautem Bauernhof (Fassadengemälde wahrscheinlich von Hans von Bruneck). **St. Moritz** in Sauders, 1406 erwähnt, 1670, 1790 umgebaut. **St. Annakirche,** in der Nähe **aufgelassenes Bergwerk. Gasthof Steinbock** (ehem. Gerichtssitz). **Ansitz Pardell**, 1565 (wertvolle Täfelung). **Burg Gravetsch** mit Kapelle (noch vorhandene Fresken der »lutherischen Kirche« aus der Bergknappenzeit, 16. Jh.).

VILLNÖSS/FUNES

Gemeinde, Provinz Bozen, Einwohnerzahl: 2.300, Seehöhe: 1.150 m, Postleitzahl: I-39040. **Auskunft:** Tourismusverein Villnöß. **Bahnstation:** Klausen (12 km). Busverbindung von Klausen und Brixen bis St. Magdalena.

Die Siedlungen im Villnößtal, deren wichtigsten St. Magdalena, Teis und der Gemeindesitz St. Peter sind, sind zur Gemeinde Villnöß vereinigt. Wälder, Äcker, weite Wiesenflächen und im Hintergrund die steil aufragenden Türme der Geislergruppe bestimmen den Charakter des Tales. Im Villnößtal wurden mehrere prähistorische Siedlungsstätten festgestellt. Manche Hofnamen erinnern an die ursprünglich rätischen Talbewohner. Von Bedeutung für die Geologie sind die sogenannten Teiser Kugeln, Kristall-Drusen, die oft Achat und Amethyste enthalten. Die Flitzer Eisenquelle unterhalb der Raschötz gilt als besonders mineralhaltig.

Teis mit Geislergruppe

Sehenswert im Ort und in der Umgebung

Pfarrkirche St. Peter, 1058 erwähnt, 1801 neu erbaut, Fresken. Kirchlein **St. Jakob** am Joch, Flügelaltar von 1517, Gemälde der Donauschule. **Wolfsgrube,** ehemalige Fanggrube für Wölfe, 1518. **Pestkapelle,** 1636. **St. Magdalenenkirche,** 1394 erwähnt, Turm 1492, alter Friedhof. **St. Johann** in Ranui und Jagdschlößchen 1370, heitere Jagdszenen. Kirche **St. Bartholomäus** in Nafen, 1489, spätgotisch. Teis, Fundstelle der **Teiser Kugeln. St. Valentin,** um 1480 erbaut, spätgotischer Flügelaltar aus der Pacherschule um 1500, großes Fresko des hl. Christophorus.

WAIDBRUCK/PONTE GARDENA

Gemeinde, Provinz Bozen, Einwohnerzahl: 200, Seehöhe: 470 m, Postleitzahl: I-39040. **Auskunft:** Tourismusverein Waidbruck. **Bahnstation:** im Ort. Busverbindung mit Bozen, Brixen, Kastelruth, Lajen und in das Grödner Tal.

An der »Starzer Brücke« in Waidbruck mündet die Autostraße aus dem Grödner Tal in die Staatsstraße; die Zubringerverbindung mit der Autobahn Innsbruck – Verona zweigt jedoch bei Klausen ab. Damit hat der Durchgangsverkehr durch die kleine und freundliche Gemeinde abgenommen, was ihrer Lage als Urlaubsort nur zum Vorteil gereicht. Von Waidbruck aus erreicht man Kastelruth, die Seiser Alm und das Schlerngebiet. In unmittelbarer Nähe liegt Lajen mit dem Vogelweider Hof, der Heimat des Minnesängers Walther von der Vogelweide. Beherrscht wird die Eisackschlucht von der berühmten Trostburg, dem einstigen Sitz der Familie des mittelalterlichen Dichters Oswald von Wolkenstein. Die Burg, im Zweiten Weltkrieg durch Bomben stark beschädigt, wurde in den letzten Jahren restauriert und ist nun bei Führungen zu besichtigen.

Sehenswert im Ort und in der Umgebung

Die **St.-Jakobs-Pfarrkirche,** 1331 als Kapelle erbaut, 1649 und 1930 umgebaut; Schnitzarbeiten von M. Vinazer, 1725. Schloß **Trostburg,** Palas und Bergfried um 1200 errichtet, seit 1370 im Besitz der späteren Grafen Wolkenstein, jedoch nicht Geburtsstätte des Dichters Oswald von Wolkenstein. Aus der Glanzzeit der Burg, 1594–1625, ist der Rittersaal, einer der bedeutendsten Prunkräume der Renaissance, die Klosterkapelle (Antonius-Bildnis des Fra Santo di Venezia) und das Pyramidendach des Bergfrieds. Der **Vogelweider Hof,** Geburtsort Walthers von der Vogelweide; Erinnerungstafel mit Spruch von Hugo von Trimberg. **St. Katharin** im Ried, 1339 geweiht, Tonnengewölbe, 17. Jh., Freskenspuren an der Fassade, Figuren des ehemaligen Flügelaltares sichergestellt.

WOLKENSTEIN IN GRÖDEN/SELVA DI VAL GARDENA

Gemeinde, Provinz Bozen, Einwohnerzahl: 2.400, Seehöhe: 1.563 m, Postleitzahl: I-39048. **Auskunft:** Tourismusverein Wolkenstein in Gröden. **Bahnstation:** Waidbruck (20 km). Busverbindung mit Bozen. **Bergbahnen:** Sessel- und Schlepplifte.

Das Dorf Wolkenstein mit Plan, inmitten einer reizvollen Gebirgslandschaft gelegen, ist die letzte geschlossene Siedlung des Grödner Tales. Hier mündet auch das von der Puezgruppe heranführende Langental. Der idyllische Ort fügt sich sanft der Geländestufe zum Grödner- und Sellajoch ein. Wolkenstein ist im Sommer Ausgangspunkt für Ausflüge und Bergtouren in die Bereiche des Sellamassivs, des Langkofels, der Puezgruppe und der Geislerspitzen.

Sehenswert im Ort und in der Umgebung

Die **Pfarrkirche St. Maria,** 1869–1871 auf einer bereits bestehenden Kapelle der Wolkensteiner Grafen errichtet, einstiger Wallfahrtsort. **Ruine Wolkenstein,** Felsennest unter der Stevia-Wand. Im Mittelalter erbaut, Besitzer waren Arnold Maulrapp (1237), später Heinrich von Kastelruth und im Jahre 1293 Randolf von Villanders, der sich »von Wolkenstein« nannte. 1525 war diese Burg bereits Ruine und wurde seitdem nicht wieder hergestellt.

Wanderungen in Klausen und Umgebung, Villnößtal und Grödner Tal

51 Wanderung: Klausen – Kloster Säben

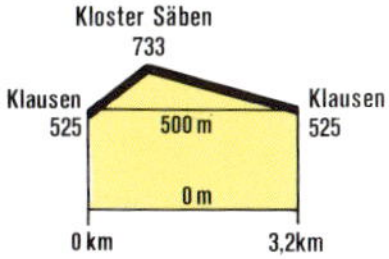

Ausgangspunkt: Klausen
Parken: beim Schwimmbad
Höhenunterschied: 208 m
Wanderzeit: 1½ Std.
Schwierigkeitsgrad: leicht!

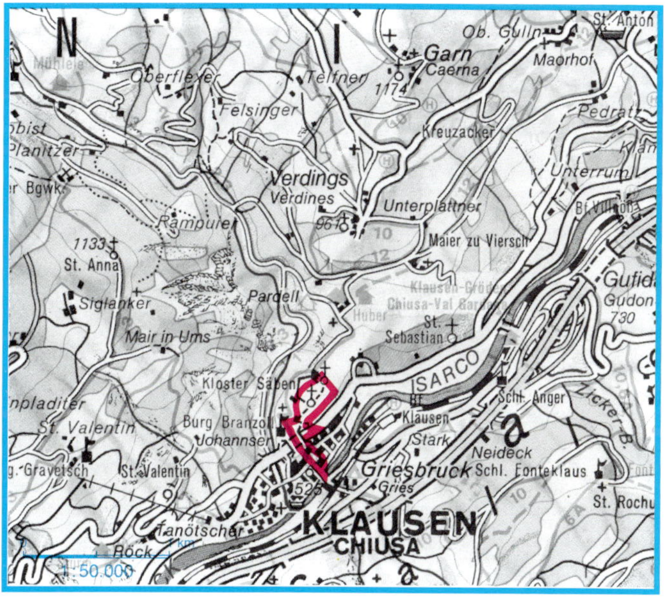

Tourenverlauf: Zweifellos kann der Felsen mit der markanten Klosterfestung Säben, hoch über dem Ort Klausen thronend, von niemandem übersehen werden, der das Eisacktal bereist. Äußerst reizvoll und auch für jedermann zu begehen ist die Wanderung zu diesem Eisacktaler »Wahrzeichen«. Vom Ausgangspunkt wenige Meter ortseinwärts finden wir bald linker Hand den Wegweiser zum Kloster. Durch alte, enge Gassen hindurch beginnt bald rechts der Aufstiegsweg über Steinstufen, welcher nach kurzer Zeit in den Zufahrtsweg beim Schloß Branzoll einmündet. (Schloß nicht zu besichtigen.) Nun windet sich der Weiterweg in einigen Kehren, vorbei an Kreuzwegstationen bergan. Nach ca. 25 Minuten erreichen wir die äußere Klostermauer und die kurz dahinterliegende Liebfrauenkirche als ersten Aussichtspunkt. Der letzte Aufstiegsabschnitt führt entlang der inneren Mauer zu einem kurzen Felstunnel, durch welchen wir ins Innere und zum höchsten Punkt des Klosters gelangen; der letzte Abschnitt führt über Stufen zur höchstgelegenen Kirche, der Heiligkreuzkirche. Den Rückweg treten wir über den sogenannten »Promenadenweg«, an der Verdings und Latzfons zugewandten Seite des Klosterberges, an. Kurz vor einer Brücke verlassen wir den breiten Abstiegsweg nach rechts und wandern nun über den aussichtsreichen Serpentinenweg talwärts, bis wir wieder zur Auffahrtsstraße und vorbei am Schloß Branzoll hinunter nach Klausen gelangen.

St. Valentin mit Kloster Säben

52 **Bergwanderung:** Feldthurns/Garn — Kuhberg — Radlseehütte, 2.284 m

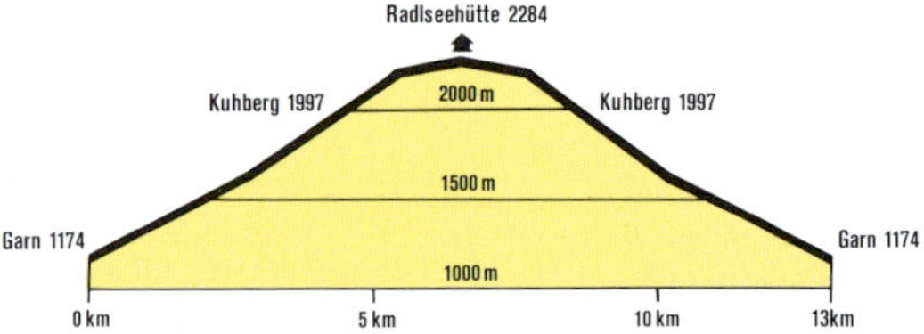

Ausgangspunkt: Feldthurns
Parken: oberhalb Garn
Höhenunterschied: 1110 m

Wanderzeit: Aufstieg 3½ Std.
Schwierigkeitsgrad: leicht!
Einkehr: Radlseehütte

Tourenverlauf: Auf der Strecke zwischen Feldthurns und Latzfons zweigt die beschilderte Straße nach Garn ab (Bushaltestelle). In der kleinen Ortschaft Garn fährt man oberhalb der Kirche vorbei und benützt ein neu ange-

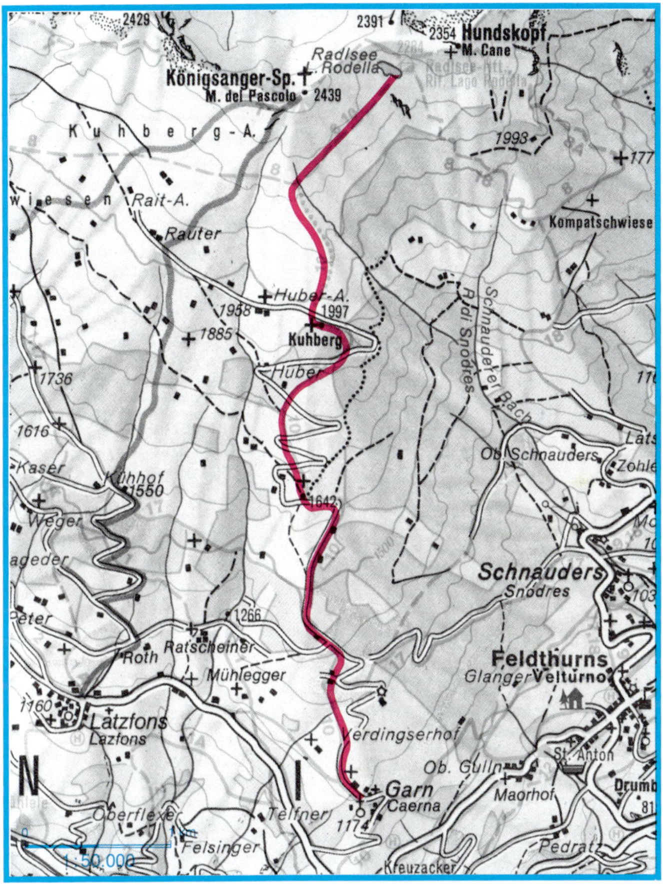

legtes Asphaltsträßchen, das nach einigen Kehren in einen Schotterweg übergeht. 300 Meter später befindet sich bei einem Holzkreuz ein Parkplatz (Wegweiser Radlsee/Kuhberg 10, Klausener Hütte 17). Am Almfahrweg, dessen Spurrinnen teilweise betoniert sind (Fahrverbot), geht es durch Wald und Wiesen hinauf zur Kälberalm, wo im Sommer bis zu 300 Kälber weiden. An die Markierung haltend kann man einige Kehren abkürzen und steht nach 1¼ Std. an der Waldgrenze. Unser Steig windet sich durch Wiesen höher und trifft auf den von der Klausener Hütte herziehenden Weg 8, auf dem wir nun flach nach Osten marschieren. In aussichtsreicher Lage thront die Radlseehütte an einem idyllischen Bergsee, mit herrlicher Sicht zum Peitlerkofel und zu den Geislerspitzen. Im Süden machen wir hinter dem Schlern den Rosengarten aus. Der Abstieg erfolgt am selben Weg.

Am Weg zur Radlseehütte

53 **Bergwanderung:** Latzfons – Klausener Hütte, 1.923 m – Latzfonser Kreuz, 2.298 m

Ausgangspunkt: Latzfons
Parken: im Dorf
Höhenunterschied: 1.140 m
Wanderzeit: Aufstieg 3 Std.
Schwierigkeitsgrad: leicht!
Einkehr: Klausener Hütte, GH Latzfonser Kreuz

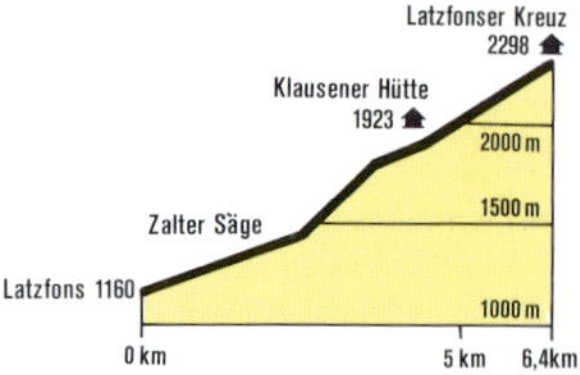

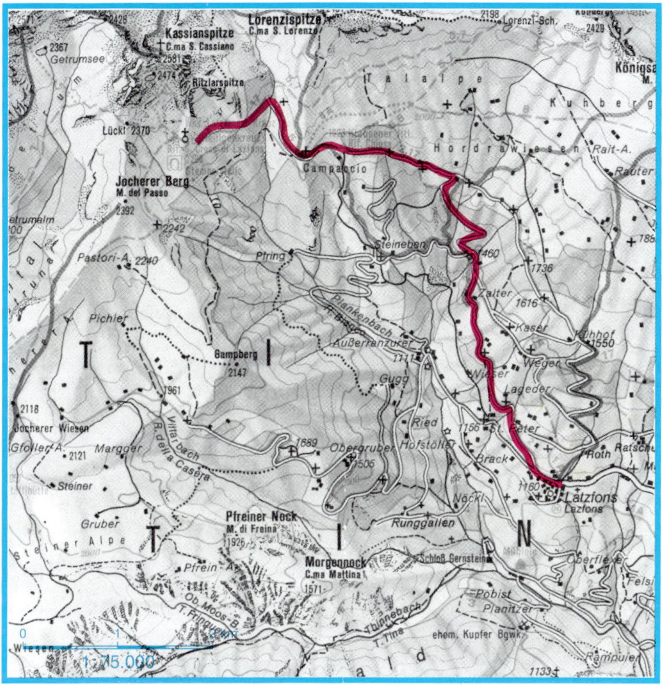

Tourenverlauf: Von Latzfons aus wandern wir entlang der Dorfstraße an der Kirche vorbei ein Stück taleinwärts. Bei der Wegteilung halten wir uns an die nach rechts aufwärts abzweigende Asphaltstraße (Schild). Nun dieser Straße entlang hinauf, vorbei an zahlreichen Gehöften. Später endet der Asphaltbelag und wir gelangen zur Zalter Säge. Kurz danach bei der nächsten Wegteilung nach rechts über einen Karrenweg hinauf, immer der Markierung 2 folgend. Der Weg verengt sich im oberen Bereich und geht dann später in einen Steig über, der nach längerem Aufstieg wieder in eine Straße einmündet. Wir befinden uns nun auf dem für den allgemeinen Verkehr gesperrten Zufahrtsweg zur Klausener Hütte, über welchen wir in unschwerem Aufstieg bald die aussichtsreich gelegene Hütte erreichen. An so manchem Sommer- oder Herbstwochenende mag man hier feststellen, daß man sich auf einer der beliebtesten Wanderrouten Südtirols befindet. Von der Hütte nun weiter über den geschotterten Weg zur unbewirtschafteten Runger-Saltner-Hütte und ziemlich flach hinein den Plankenbachgraben. Hier nun über einen Steig (Markierung 17) unter den Hängen von Ritzlar- und Kassianspitze in leichtem Aufstieg hinauf zur Kirche am »Latzfonser Kreuz«, wohl dem höchstgelegenen Wallfahrtsort der Alpen. Gleich oberhalb der Kirche befindet sich das sommerbewirtschaftete Wirtshaus Latzfonser Kreuz.

54 **Bergwanderung:** Villanderer Alm, 1.744 m – Rittner Horn, 2.260 m

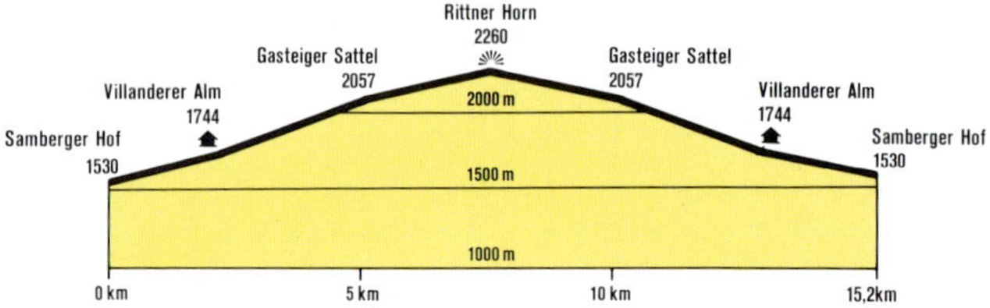

Ausgangspunkt: Villanderer Alm
Parken: Samberger Hof
Höhenunterschied: 730 m
Wanderzeit: 5½ Std.

Schwierigkeitsgrad: leicht!
Einkehr: Villanderer Alm, Rittner-Horn-Haus, Mair in Plun Alm, Samberger Hof

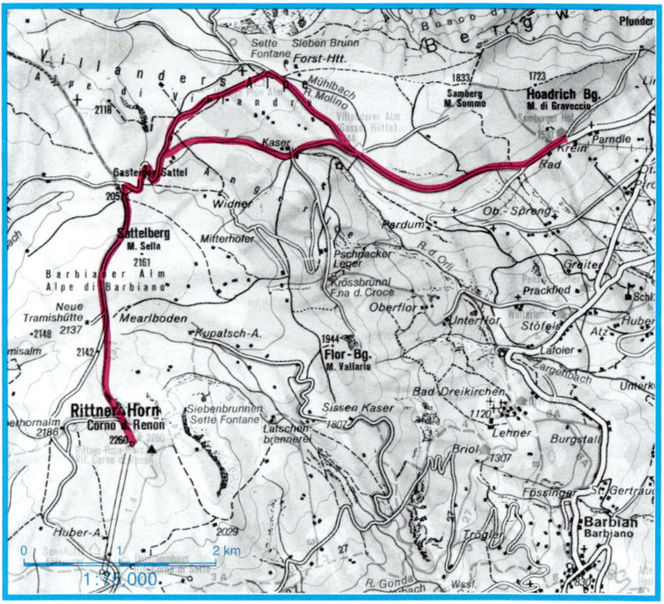

Tourenverlauf: Vom Samberger Hof aus (großer Parkplatz) über die teilweise betongepflasterte Zufahrtsstraße in etwa einer ¾ Std. zur malerisch gelegenen Einkehrstätte der Villanderer Alm. Bei der oberhalb der Hütte befindlichen Wegteilung nun links hinunter über eine Forststraße in einen Graben. Im Graben nun Wegteilung und nach rechts hinauf über einen interessanten, steingepflasterten Almweg. An kleinen Hütten vorbei nun teilweise recht steil hinauf; im oberen Bereich mündet dieser Weg in den Villanderer Almweg ein. Einige Kehren abkürzend gelangen wir auf den auf einer weiten Hochfläche gelegenen Gasteiger Sattel mit Blick hinein ins Sarntaler

Blick von der Villanderer Alm gegen Westen

Gebiet. Auf breitem Weg nun links hinauf entlang der Hänge des Sattelberges zur Barbianer Alm, von wo aus nun das Rittner Horn bereits sehr nahe erscheint. Kurz hinab in eine Senke, wo eine Steinmauer überstiegen wird und im Gegenanstieg etwas steiler hinauf bis zur weitläufigen Gipfelkuppe des Rittner Horns mit einer Rundsicht, die an klaren Herbsttagen ihresgleichen sucht. Für den Abstieg nun wieder wie am Hinweg hinunter bis zum Gasteiger Sattel. Hier nun Richtung Villanderer Alm hinunter über die stets mäßig fallende Almstraße zur im weitläufigen Almgebiet gelegenen Mair in Plun Alm. Kurz danach mündet der Weg von der Stöfflhütte in unsere Route ein. Auf gemütlichem Weg nun zurück zur Villanderer Alm und zum Ausgangspunkt.

55 **Wanderung:** St. Peter/Villnöß – Teis, 963 m – St. Peter/Villnöß

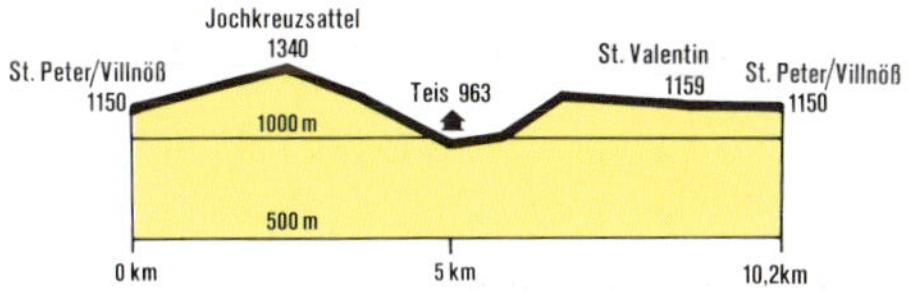

Ausgangspunkt: St. Peter/Villnöß
Parken: im Ort
Höhenunterschied: 380 m

Wanderzeit: 4½ Std.
Schwierigkeitsgrad: leicht!
Einkehr: in St. Peter und Teis

Tourenverlauf: Von St. Peter aus folgen wir dem beschilderten Asphaltsträßchen nach Westen hinauf zum kleinen Dörfchen St. Jakob. Nun weiter westwärts über die fast ebene, geschotterte Straße und nach einer Kurve von dieser abzweigen. Nun hinauf zum Jochkreuzsattel (nur wenig oberhalb herrlicher Aussichtspunkt über das Eisacktal!). In abwechslungsrei-

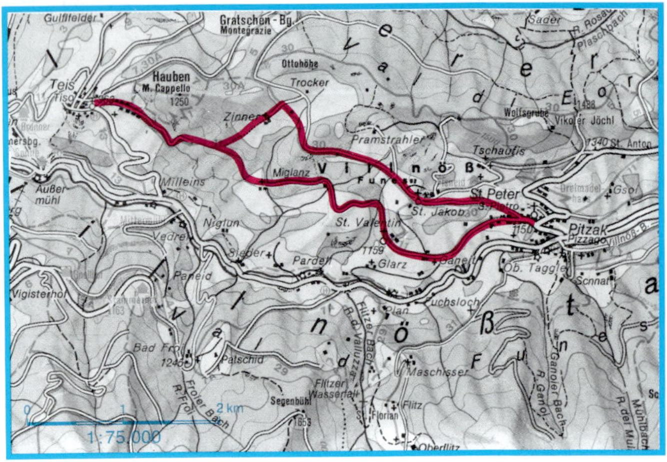

cher Wanderung mit immer wieder schönen Ausblicken nun abwärts über den Weg 30A, der uns in das Dorf Teis führt. Nach Rast und Einkehr nun über ein Asphaltsträßchen oberhalb der Kirche. Dem Sträßchen hier nun laut Beschilderung eben folgend bis zum Beginn eines schmalen Wandersteiges, der uns durch den felsigen Gostner Graben führt. Durch lichten Föhrenwald dem Wandersteig weiter in der Hangquerung folgend gelangen wir zum Gehöft Miglanz. In vielen Windungen führt nun ein schmales Sträßchen wieder sanft aufwärts zuerst zur Kirche von St. Valentin mit den anliegenden Gehöften und über ein etwas breiteres Asphaltsträßchen das letzte Stück wieder hinauf nach St. Peter.

56 **Wanderung:** St. Magdalena/Villnöß – Sass Rigais, 1.680 m – Schlüterhütte, 2.297 m

Ausgangspunkt: St. Magdalena/Villnöß
Parken: Ranuiwiese
Höhenunterschied: 920 m
Wanderzeit: 3½ Std.
Schwierigkeitsgrad: leicht!
Einkehr: Sass Rigais, Gampenalm, Schlüterhütte
Karte: Fortsetzung Seite 114

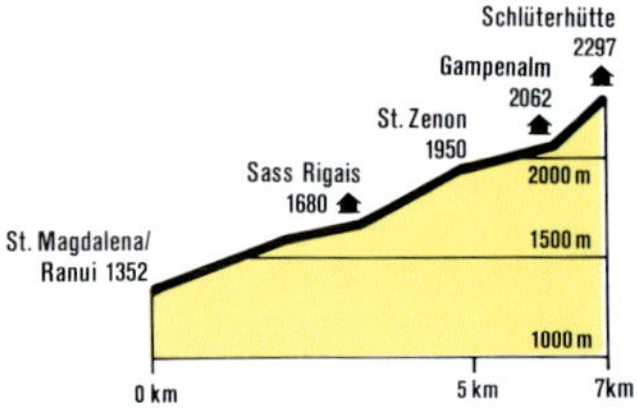

Tourenverlauf: Unweit unseres Ausgangspunktes befindet sich das kleine Kirchlein St. Johann in Ranui, welches zusammen mit dem prächtigen Hintergrund der Geislerspitzen ein sehr beliebtes Fotomotiv darstellt. Wir wandern zum Beginn dieser Tour ein Stück vom Parkplatz taleinwärts und verlassen nach wenigen Minuten die Forststraße links abzweigend und folgen einem Wanderweg, beschildert »Forststeig Zans«, der nun entlang des Villnößbaches talaufwärts führt. Wir erreichen nach reizvollem Aufstieg

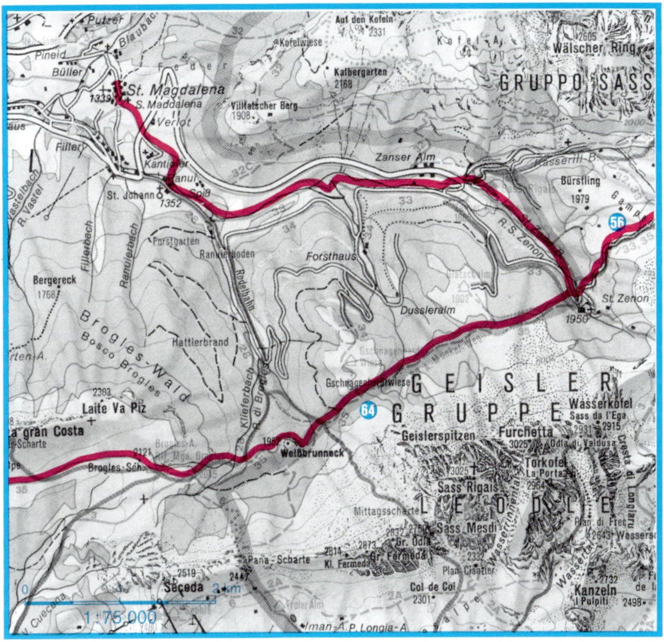

wieder die vorhin verlassene Forststraße und gelangen über diese bald darauf zum Parkplatz »Zanser Alm«. Hier nun eben ein Stück neben dem Bach weiter, über die Brücke und dann gleich wieder rechts über einen Schotterweg zum Gasthof Sass Rigais. Hier nun dem breiten Schottersteig folgend sanft aufwärts; später dem rauschenden Gebirgsbach fast parallel folgend aufwärts, bis wir etwas unterhalb der St. Zenon-Alm wieder auf die Forststraße stoßen. Nun der kurvenreichen Forststraße folgend hinauf zur Gampenalm. Über schrofendurchsetztes Almgelände hinauf zur aussichtsreich gelegenen Schlüterhütte (Peitlerkofelhütte).

57 **Bergwanderung:** Sass Rigais – St. Zenon – Sobutsch, 2.485 m

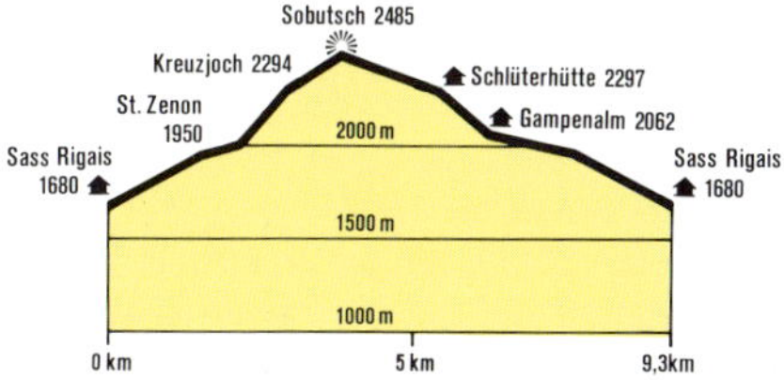

Ausgangspunkt: Sass Rigais/Villnößtal
Parken: beim Hotel Sass Rigais
Höhenunterschied: 800 m
Wanderzeit: Aufstieg 3 Std.

Schwierigkeitsgrad: mittel!
Einkehr: Sass Rigais
Karte: Fortsetzung Seite 113

Tourenverlauf: Diese Tour befindet sich zwar inmitten eines stark frequentierten Wandergebietes, die Teiletappe von St. Zenon zum Kreuzjoch wird jedoch wesentlich seltener begangen; man hat also die Chance, auch in diesem Gebiet ein ruhiges Bergerlebnis genießen zu dürfen. Vom Parkplatz des Hotels Sass Rigais führt zuerst ein ziemlich breiter, weiß geschotterter Weg entlang des Baches aufwärts. Nach einer breiteren Lichtung verengt sich der Weg zu einem Steig und führt nun über Kuppen hinauf bis zur breiten Trasse eines Wirtschaftsweges. Über diesen ein kurzes Stück und dann beim Wegweiser hinauf durch ein lichtes Waldstück in 5 Minuten zur Forststation St. Zenon; auch Tschantschenonalm genannt. Hier nun hinauf über Serpentinen zum Fuß eines Kars. Rechter Hand begleitet von den steil aufragenden Geislerspitzen schlängelt sich nun der zum Teil steile Karweg hinauf zum Kreuzjoch mit Tiefblick ins Campilltal. Hier nun links hinauf über den die Wiesenhänge des Sobutsch querenden Steig bis kurz vor das Bronsoijoch. Teilweise weglos hinauf auf den linksseitig gelegenen Sobutschkamm und zum höchsten Punkt mit schönem Rundblick auf Aferer Geiseln, Peitlerkofel und die Gadertaler Dolomitengruppen. Als Abstiegsvariante empfiehlt sich der kurze Weg zur Schlüterhütte und von hier der Abstiegsweg zurück zum Ausgangspunkt.

St. Georg in Afers

58 **Günther-Messner-Steig:** Aferer Geiseln

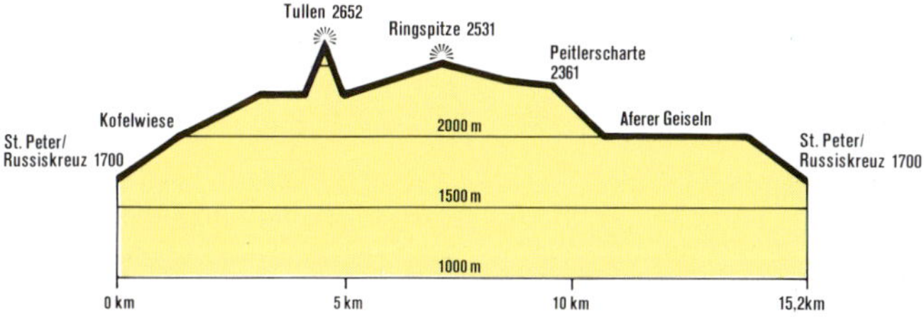

Ausgangspunkt: St. Peter/Villnöß
Parken: Russiskreuz an der Würzjochstraße
Höhenunterschied: 950 m
Wanderzeit: 8½ Std.

Schwierigkeitsgrad: schwer! nur für Geübte!
Einkehr: Schlüterhütte (wenn als Zweitagestour geplant)

Tourenverlauf: Über den Weg mit der Markierung GM/32A zuerst durch Wald teilweise steil hinauf zu den Kofelwiesen und zur aussichtsreichen Furtschelle. Bei einer Südhangquerung gelangen wir zu einer Gabelung, wo wir links entlang der Markierung GM bleiben. Hier nun nordwärts hinauf bis zu einem Kar mit Wegabzweigung zum Tullen, 2.652 m, dem höchsten Gipfel der Aferer Geiseln. Der mittelmäßig schwierige Weg zum Gipfel ist als zusätzlicher Abstecher recht lohnend. Am Hauptweg nun weiter nach Osten und über seilgesicherten Steig hinauf zum Wälscher Ring. Hier nun weiter auf seilgesichertem Weg teils nordseitig (Achtung! Im Frühsommer noch vereiste Stellen!), teils südseitig über den Hauptkamm mit herrlichen Ausblicken vor allem zur Geislergruppe. Nach Überquerung der Ringspitze

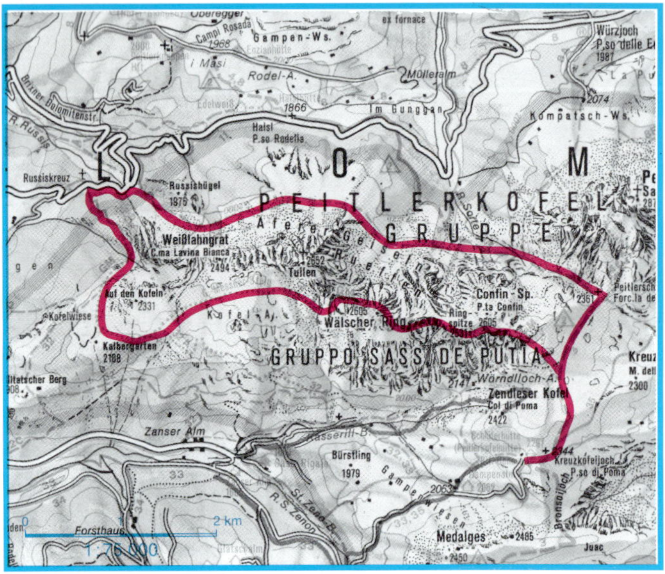

nun gesichert über Seil- und Leitersicherung abwärts, bis man eine Gabelung mit Abzweigung zur Schlüterhütte erreicht. Hier bei einer Zweitages-

Laseidererhof mit Aferer Geiseln

tour nach rechts zur Hütte oder bei Eintagestour nach links. Links haltend erreichen wir nach kurzem Aufstieg die Peitlerscharte. Hier nun nordwestlich talwärts, bis wir wieder links abzweigen. Nach Bachüberquerung führt dieser Weg nun unschwierig mit zuerst nur geringen Höhenunterschieden unter den Nordwänden der Aferer Geiseln nach Westen, dann wieder steiler hinab zur Würzjochstraße und über diese abwärts über die Russisbrükke zum Ausgangspunkt am Russiskreuz.

59 **Bergtour:** Würzjoch, 1.987 m – Peitlerkofel, 2.875 m

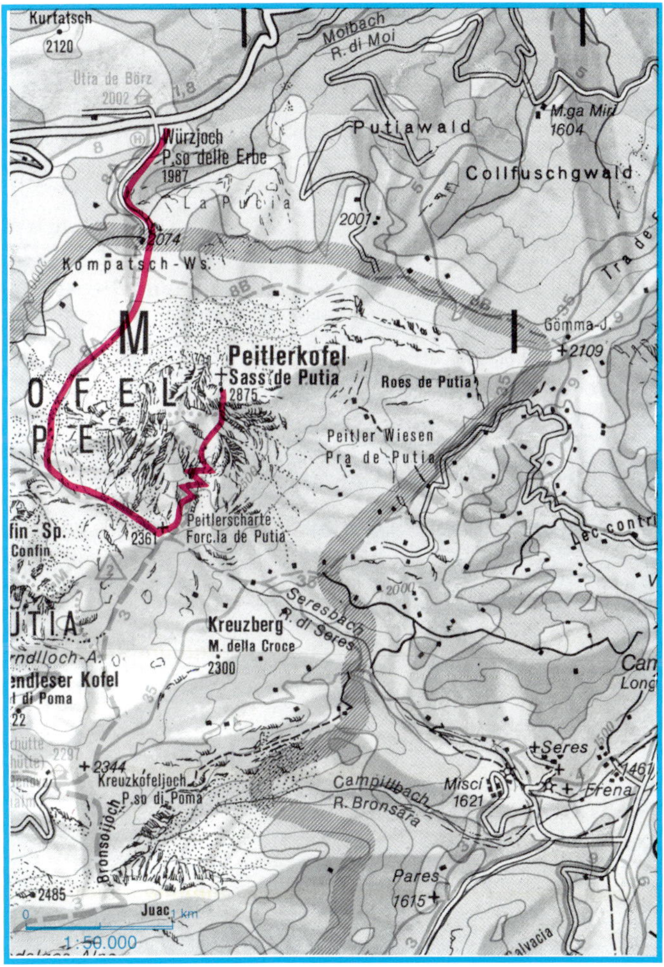

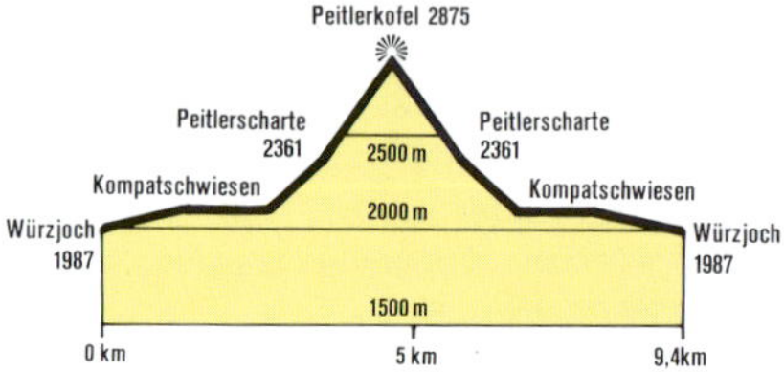

Ausgangspunkt: Würzjoch
Parken: an der Paßhöhe
Höhenunterschied: 867 m
Wanderzeit: 3 Std.

Schwierigkeitsgrad: mittel! im oberen Teil Trittsicherheit und Schwindelfreiheit erforderlich!
Einkehr: Würzjochhaus

Tourenverlauf: Die Besteigung des Peitlerkofels, einer der prächtigsten Aussichtsberge der Dolomiten, ist auf mehreren Wegen möglich. Die hier beschriebene Route ist jene mit dem geringsten Höhenunterschied, was die Zufahrtsmöglichkeit mit dem KFZ bis zum Ausgangspunkt betrifft. Vom Würzjoch aus nach Süden über den Weg 8A, eine Forststraße, die hinauf zu den Kompatschwiesen mit den steil aufragenden Peitlerkofel-Nordwänden führt. Über einen Almsteig nun weiter zu einer Gabelung, wo wir uns rechts halten. Nordwestseitig nun am Fuß des Peitlerkofels entlang, bis wir in den vom Halsl kommenden Weg Nr. 4 einmünden. Nun steil zum Teil in Serpentinen entlang des Bachbettes hinauf zur Peitlerscharte mit überraschendem Südausblick. Hier nun links haltend weiter über den Weg Nr. 4 durch eine steile Grasmulde hinauf bis unter den Gipfelaufbau. Das letzte Stück wird nun mittels leichter Seilsicherungen und Felsstufen überwunden, bis man am aussichtsreichen Gipfel anlangt, welcher vor allem in den Hochsommermonaten am späten Vormittag bereits stark von Wanderern frequentiert sein kann, daher ist ein früher Aufstieg ratsam. Abstiegsweg wie Aufstieg.

Bergbauer beim Düngen

60 **Wanderung:** Lajen — Albions — Vogelweiderhof — Lajen

Ausgangspunkt: Lajen
Parken: am Dorfplatz
Höhenunterschied: 300 m
Wanderzeit: 3 Std.
Schwierigkeitsgrad: leicht!
Einkehr: in Lajen oder Albions

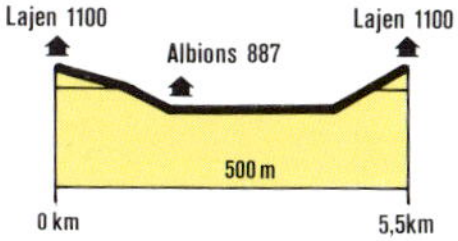

Tourenverlauf: Etwas unterhalb der Raiffeisenkasse in Lajen beginnt am Dorfplatz zwischen zwei Häusern der Wanderweg Nr. 5 Richtung Albions (etwas links davon führt zwischen den Häusern der Weg herauf, der diese Rundwanderung wieder beendet; kann genauso in umgekehrter Richtung begangen werden). Weg Nr. 5 führt über Wiesen vorbei am Wasserbühel, einer unter Naturschutz stehenden Biotoplandschaft; immer leicht abwärts

Wiedehopf

gelangen wir über Wald und Wiesen mit schönen Ausblicken auf das gegenüberliegende Villanders in einer knappen Dreiviertelstunde nach Albions. Hier nun ein Stück südwärts über die asphaltierte Zufahrtsstraße und dann rechts ab über den Weg RW Richtung »Vogelweider«. Ziemlich eben bzw. ohne größere Höhenunterschiede geht es nun über Wiesen- und Waldabschnitte nach Lajen-Ried, einer auf einem Südhang gelegenen Fraktion der Gemeinde Lajen. Beim Innervogelweider, so benannt, da hier der Geburtsort Walthers von der Vogelweide vermutet wird, nun links hinauf über einen schmalen Steig, der über Serpentinen zur Straße nach Albions führt. Von dieser bald darauf in südöstlicher Richtung wieder links hinauf; danach über die Lajener Zufahrtsstraße und über ein weiteres Stück Waldweg, welcher bald wieder in die Lajener Straße mündet. Entlang dieser ca. 150 m, dann steil links hinauf nach Lajen zum Ausgangspunkt.

61 **Bergwanderung:** Lajen – Ramitzler Schwaige – Raschötzhütte, 2.165 m

Ausgangspunkt: Lajen
Parken: im Dorf
Höhenunterschied: 1.050 m
Wanderzeit: 4 Std.

Schwierigkeitsgrad: leicht!
Einkehr: Ramitzler Schwaige, Raschötzhütte

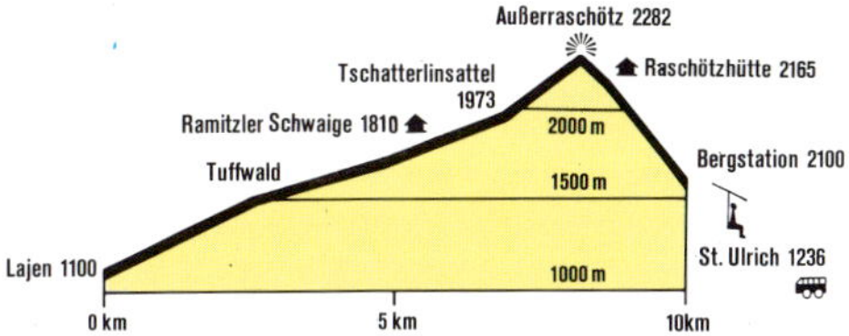

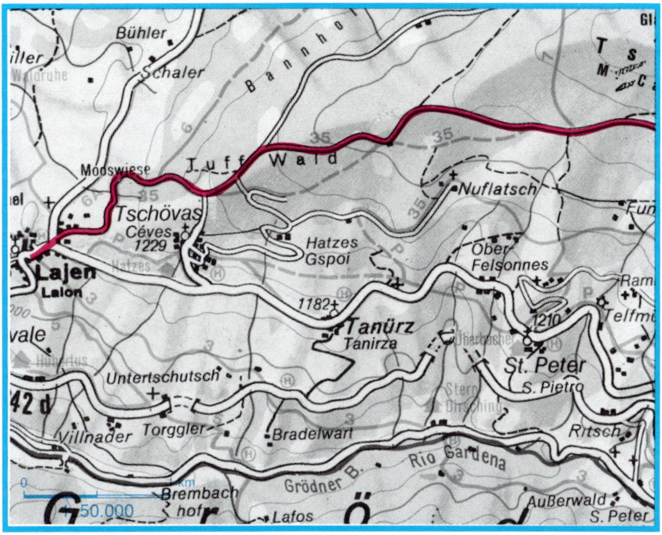

Tourenverlauf: Vom Lajener Dorfplatz nach Osten vorbei am Gasthof Sonne finden wir nach kurzer Zeit den Wegweiser »Raschötz« mit der Markierung 6,35 vor. Hier nun über ein Stück Asphalt hinauf, später in einen Schotterweg übergehend. Mäßig bis mittel ansteigend führt dieser breite Weg nun in den Wald hinauf; bald erblicken wir rechts unten das Dorf Tschövas. Nun immer weiter dieser Forststraße mit unterschiedlicher Steigung nach Osten folgend (Weg 35) gelangen wir zur romantisch gelegenen Ramitzler Schwaige mit Einkehrmöglichkeit in den Sommermonaten. Nun weiter über den Weg 35, welcher jetzt in Form eines Almsteiges durch immer lichter werdenden Wald führt. Wir passieren Almhütten und den Tschatterlinsattel; bald darauf beginnt über nun felsigen, doch gut begehbaren Steig der Aufstieg zur Raschötzkapelle; dem höchsten Punkt dieser Wanderung. Von hier nun über die herrlichen Almwiesen der Raschötzer Alm; begleitet von besonders schönen Schlern- und Langkofelausblicken eben bis leicht abwärts zur Raschötzhütte. Sollte der Lift in Betrieb sein, kann von hier aus in einer knappen halben Stunde die Bergstation des Raschötzliftes erreicht werden; von hier dann Talfahrt nach St. Ulrich und weiter mit dem Bus zurück nach Lajen.

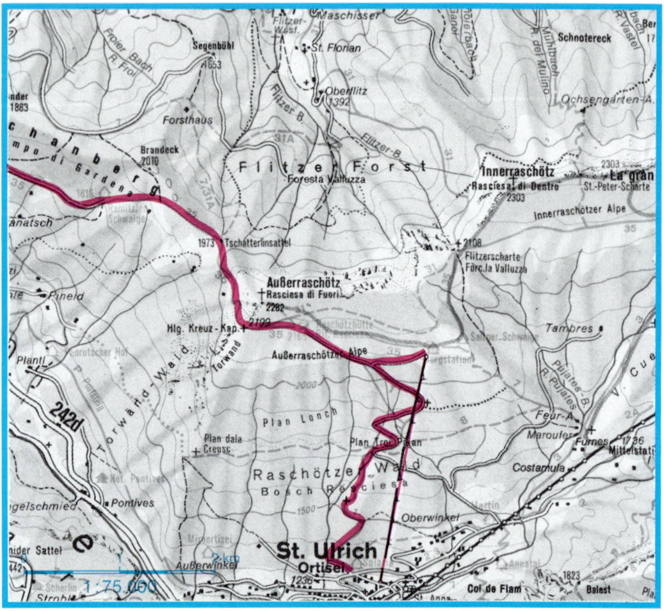

Silberdistel

62 **Rundwanderung:** Über die Puflatschalpe

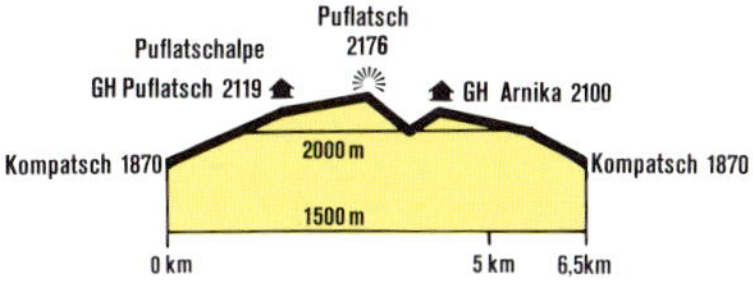

Ausgangspunkt: Seiser Alm
Parken: Parkplätze vor den Hotels
Höhenunterschied: 320 m

Wanderzeit: 3 Std.
Schwierigkeitsgrad: leicht!
Einkehr: GH Puflatsch, GH Arnika

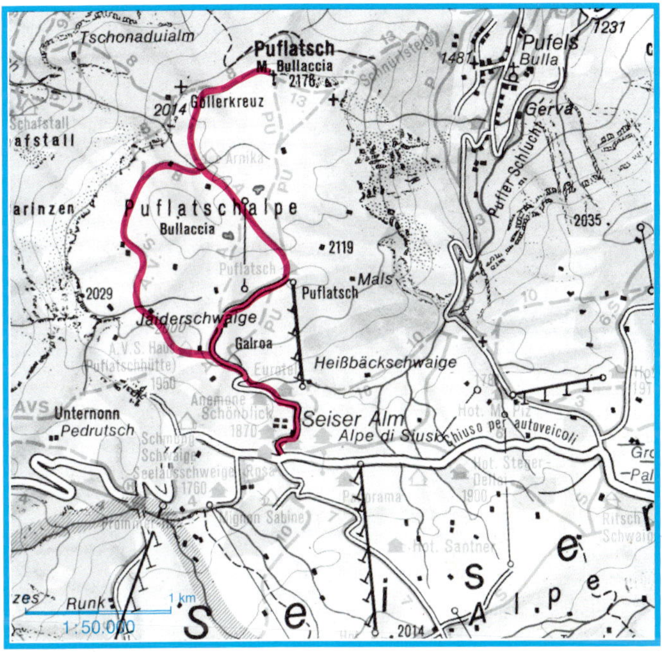

Tourenverlauf: Bei dieser und der folgenden Route handelt es sich um gemütliche Almwanderungen, welche wegen der besonderen Bekanntheit dieses Gebietes am besten zur Wanderung außerhalb der Hochsaison (Juli, August) empfohlen werden. Vom Hoteldorf aus nach Norden über die Asphaltstraße zum von weitem sichtbaren »Eurotel« und weiter über den später geschotterten Fahrweg zur weitläufigen Hochfläche der Puflatsch-Alm. An deren Beginn bei einer Wegteilung nach rechts und hinauf zum bereits von weitem sichtbaren Gasthof Puflatsch; gelegen in herrlicher Rundsichtlage. Von hier über den schmäleren Almweg nordwärts und dem Wegweiser »Hexenbänke« nach rechts folgend wo nach leichtem Auf und Ab der herrliche Panoramaplatz »Fillner Kreuz« erreicht wird (Tiefblick nach St. Ulrich und ins obere Grödner Tal). Von hier auf leicht ansteigendem Weg nach Westen zum unscheinbaren Puflatsch-Gipfel (großer Stein als Kennzeichnung); knapp darunter die seltsamen Steingebilde der Hexenbänke, wo eine vorgeschichtliche Kulturstätte vermutet wird. Von hier weglos über einen der Almsteige nach Südwesten zur Arnikahütte und nach Rast und Einkehr über den mit A markierten Steig zurück zur Weggabelung bei der Puflatschhütte und zurück zum Ausgangspunkt.

63 **Rundwanderung:** Seiser Alm

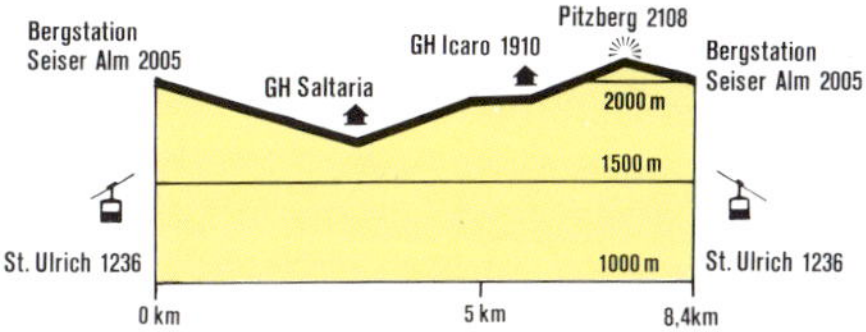

Ausgangspunkt: St. Ulrich
Parken: Parkplatz Seiser-Almbahn
Höhenunterschied: 360 m (ohne Seilbahn-auffahrt)

Wanderzeit: 4 Std.
Schwierigkeitsgrad: leicht!
Einkehr: mehrere Möglichkeiten an der Strecke

Blick über die Seiser Alm zum Langkofel

Tourenverlauf: Nach Auffahrt mit der Seilbahn nach links über den Fahrweg hinunter zum Hotel Sonne. Nun weiter abwärts zum kleinen Pitzbach, dann hinauf über einen begrünten Rücken an einigen Almhäusern vorbei zum Hotel Saltria. Hier stoßen wir auf die für den allgemeinen KFZ-Verkehr gesperrte Seiser-Alm-Straße, auf welcher jedoch vereinzelt Linienbusse verkehren. Diese Straße nun ein Stück westwärts bis zur ersten Kehre; hier nun über eine Abkürzung (Weg Nr. 3) bei leichtem Anstieg sowie dann ein weiteres Stück entlang der Straße bis zum Wegweiser beim »Großen Moos«. Hier über einen Fahrweg nach rechts abbiegend und bald darauf bei einer weiteren Gabelung wieder nach rechts halten. Wir passieren nach kurzer Zeit das Hotel Icaro und folgen weiter dem markierten Wanderweg (6, S) nach Norden. Auf ansteigendem Weg nun auf Steigspuren Richtung Nordosten; links ab führt ein kurzer Weg zum Gipfel des Pitzberges. Ab diesem Punkt in wenigen Minuten zurück zum Gipfel der Seilbahnbergstation und wieder talwärts nach St. Ulrich.

64 **Höhenwanderung:** St. Ulrich – Saltner Schwaige – Broglesalm, 2.045 m – Adolf-Munkel-Weg – Sass Rigais – St. Magdalena/Villnöß

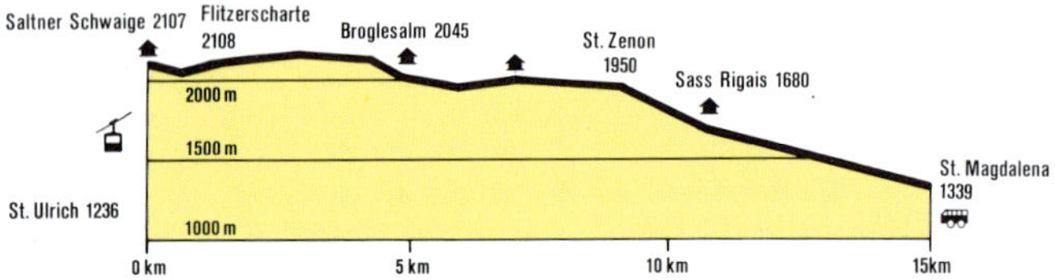

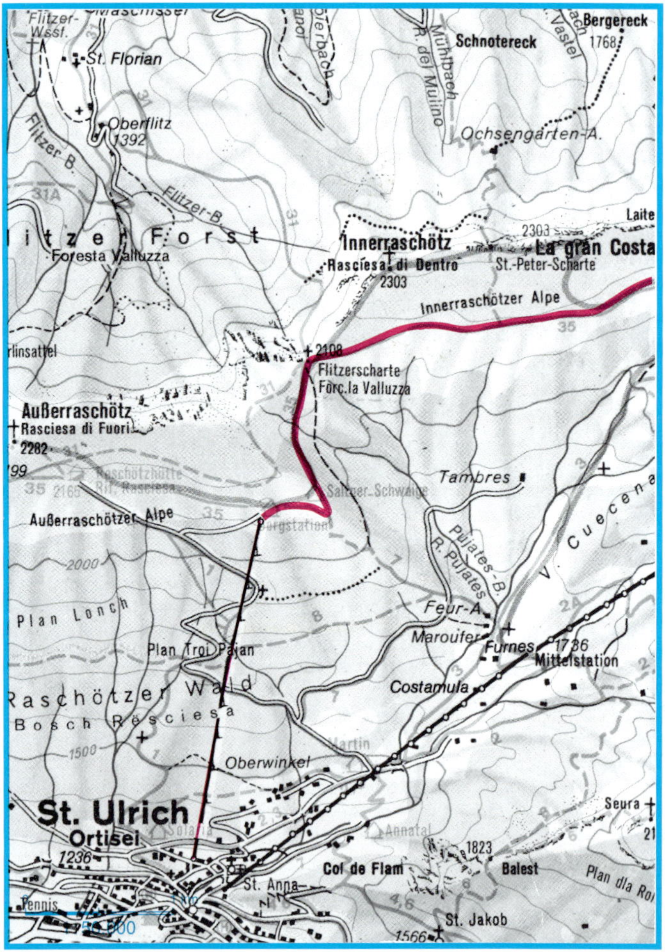

Ausgangspunkt: St. Ulrich
Parken: Talstation Raschötzsessellift
Höhenunterschied: 930 m
Wanderzeit: 5 Std.
Schwierigkeitsgrad: leicht!

Einkehr: Saltner Schwaige, Broglesalm, Sass Rigais bzw. mehrere Möglichkeiten in St. Magdalena/Villnöß
Karte: Fortsetzung Seite 113

Tourenverlauf: Trotz ihrer Länge ist diese Tour, die zwei wunderschöne Täler Südtirols berührt, nicht übermäßig anstrengend, da durch die Seilbahnauffahrt der überwiegende Teil des Weges abwärts verläuft. Mit dem Raschötzlift geht es über den kiefernbewaldeten Hang bergwärts; von der Bergstation in wenigen Minuten hinauf zur Saltner Schwaige. Von hier nun nach Norden über den Weg Nr. 35 hinab in eine Senke, danach unterhalb der Flitzer Scharte hinaus zur Innerraschötzer Alpe. Mit nur geringen Höhenunterschieden und mit herrlichen Ausblicken zum Langkofel gelangen wir zur Broglesscharte mit dem nun beherrschenden Panorama der Geislergruppe. Hier nun in kurzer Wanderung hinunter zur Broglesalm. Nun Weiterweg auf dem Adolf-Munkel-Weg (weiterhin mit 35 markiert) leicht abwärts im ständigen Gefälle unterhalb der teilweise senkrecht aufragenden Geislerspitzen. Nun hinab zu einer Wegkreuzung an der Weißbrunnquelle, wo wir uns geradeaus halten und hinauf zur Pardellscharte wandern (kurzer Abstecher zur Gschnagenhardtalm mit Einkehrmöglichkeit; herrliche Lage!). Nun weiter ostwärts immer leicht talwärts am Fuß der Felskare entlang bis wir einen Güterweg erreichen. Diesem entlang ein kurzes Stück aufwärts und dann links ab entlang des Baches hinunter zum Restaurant Sass Rigais. Von hier nun entlang des Fahrweges oder im Talgrund (Weg 33) hinaus nach St. Magdalena. Über Busverbindungen Rückfahrtsmöglichkeit ins Grödner Tal.

65 **Bergwanderung:** St. Ulrich – St. Jakob – Pitschberg, 2.365 m

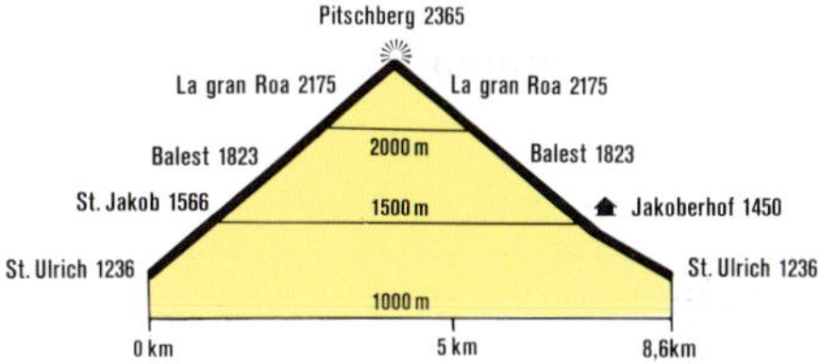

Ausgangspunkt: St. Ulrich
Parken: Nähe Pfarrkirche St. Jakob
Höhenunterschied: 1.100 m

Wanderzeit: 4 Std.
Schwierigkeitsgrad: mittel!
Einkehr: Jakoberhof

Tourenverlauf: Diese Wanderung ist zwar teilweise mühsam, jedoch lohnend, da der Pitschberg keinerlei Seilbahnen aufweist und daher auch noch zu den weniger begangenen Touren im Grödner Tal zählt. Hinter der Kirche St. Ulrich in die St. Jakoberstraße hinauf und nach kurzer Zeit links ab in den beschilderten Wanderweg »Col de Flam«. Hier nun über Wiesen und später durch Wald aufwärts bis zur äußerst romantisch gelegenen Kirche St. Jakob mit herrlichem Langkofelblick. Oberhalb der Ruhebänke nun über den Weg Nr. 6 in den Wald und über Serpentinen zum 1.822 m hohen

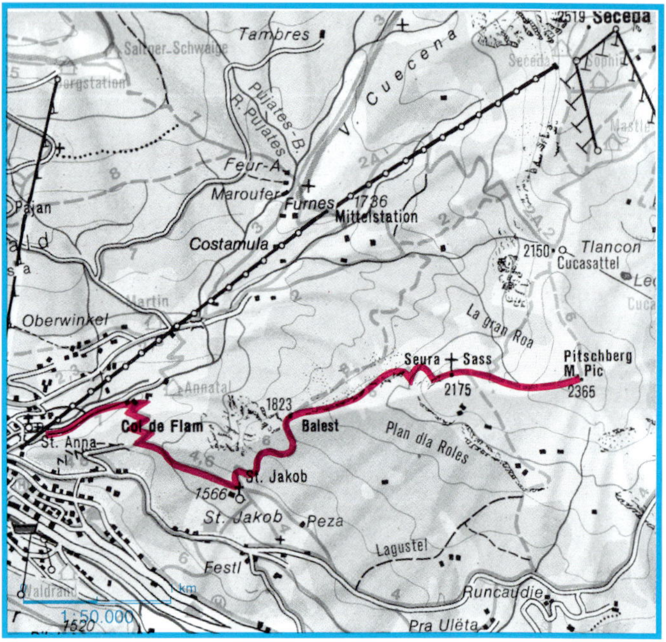

Balest. Nun nach Westen mäßig ansteigend, später steiler werdend zu einem bereits felsigen Ausläufer des Pitschberges. Auf dem zum Teil steilen Wiesenweg Nr. 6, der uns nun zum Gipfel führt, können wir die herrliche Aussicht, die uns erwartet, bereits erahnen. Bei klarem Wetter ist neben dem dominierenden Langkofel und Sellapanorama auch Marmolada und die weit im Süden gelegene Palagruppe im Blickfeld. Bis St. Jakob Abstieg über den Aufstiegsweg. Von hier nun eventuelle Abstiegsvariante über den Wallfahrtsweg hinter der St. Jakober Kirche mit malerischen Blicken zum Langkofel; beim Haus »Pedracia« zur Zufahrtsstraße und hinunter zum Jakoberhof; danach über die Asphaltstraße nach St. Ulrich.

66 **Bergwanderung:** Wolkenstein – Regensburger Hütte, 2.039 m – Puezhütte, 2.475 m

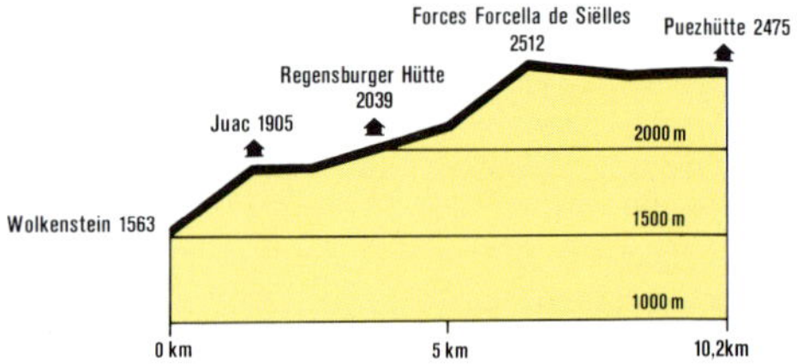

Ausgangspunkt: Wolkenstein
Parken: im Ort
Höhenunterschied: 1.000 m
Wanderzeit: 4½ Std.

Schwierigkeitsgrad: mittel!
Einkehr: Juac-Hütte, Regensburger Hütte, Puezhütte

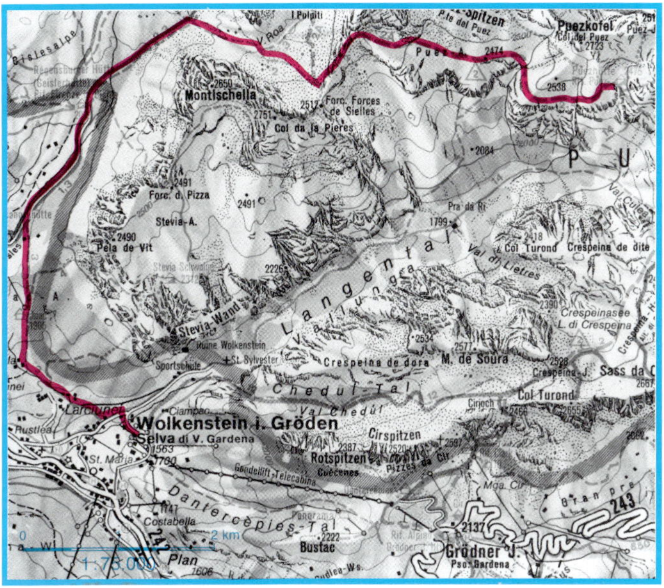

Tourenverlauf: Diese Wanderung kann mit Tour Nr. 69 zu einer anspruchsvollen Ganztageswanderung verbunden werden. Zweifellos würde ein Aufstieg über die 1988 neu umgebaute Col-Raiser-Seilbahn die Wanderzeit bedeutend verkürzen; es entgeht dem Wanderer dadurch jedoch einer der reizendsten Wanderabschnitte im Grödner Tal. Westlich der Kirche von Wolkenstein hinauf zu den Ortsteilen Daunei und Burdengea über eine Asphaltstraße sowie der Bezeichnung zur »Juac-Hütte« folgend. Über einen Schotterweg aufwärts nun vorbei an einem kleinen Teich und über einen ausgetretenen Waldsteig hinauf zur herrlich gelegenen Juac-Alm mit bereits wunderbarer Rundsicht. Von hier nun weiter nordwärts leicht abwärts, bis dieser Weg in den Zufahrtsweg zur Regensburger Hütte einmündet. Diesem Weg nun weiter folgend erreichen wir nach etwa 2 Std. die Regensburgerhütte (früher: Geislerhütte). Hinter der Hütte nun dem Weg 2,3 folgend nach Nordosten in leichtem Anstieg über ein breites ausgewaschenes Schotterkar; vor uns die Spitzen der Geislergruppe. Bei den folgenden zwei Wegteilungen nun jeweils nach rechts; zuletzt an den Weg Nr. 2 haltend steil, zum Teil über kurze Seilsicherungen hinauf zur Forces Forcella de Sielles, dem höchsten Punkt dieser Wanderung. Nun Richtung Osten immer leicht abwärts bis zur Puezhütte, am Südfuß der Puezgruppe.

67 **Wanderung:** Wolkenstein – »Bahnweg« – Grödner Joch, 2.137 m

Ausgangspunkt: Wolkenstein
Parken: Parkplatz der Ciampinoi-Seilbahn
Höhenunterschied: 560 m
Wanderzeit: 2½ Std.
Schwierigkeitsgrad: leicht!
Einkehr: Grödner Joch

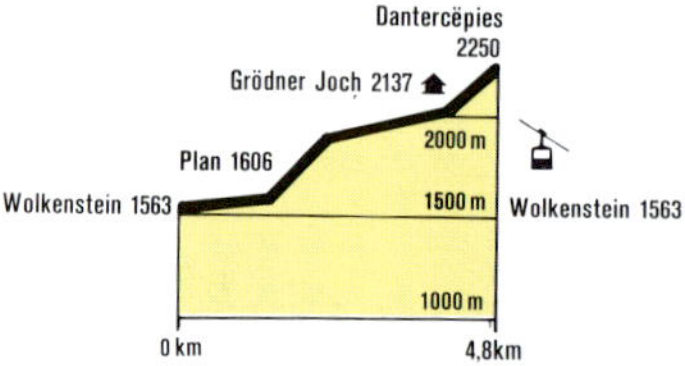

Tourenverlauf: Vom Parkplatz über die Hauptstraße ca. 150 m nach Osten, beim Hotel Corona links hinauf und gleich danach wieder nach rechts über einen Hotelparkplatz zum Beginn eines flachen, asphaltierten Wanderweges, der ehemaligen Trasse der im Ersten Weltkrieg erbauten Grödnerbahn. Über diesen nun bis zu den Sportanlagen. Hier nun wenige Meter auf der Grödnerjochstraße aufwärts und gleich nach einem kleinen Bach wieder links ab über eine Schotterstraße hinauf bis zu einer Kehre der Paßstraße. Hier nun wieder nach links und dann nach wenigen Metern rechts über einen Waldweg aufwärts. Nun aufwärts durch den Wald, danach über den

Bach und dann weiter in gleichmäßigem Anstieg über eine herrliche Almlandschaft mit der rechter Hand liegenden imposanten Felskulisse der Sellagruppe. Im obersten Bereich gelangen wir wieder zur Paßstraße und erreichen nach wenigen Minuten das Grödner Joch. Rückfahrt mit dem Linienbus oder, falls in Betrieb, nach Nordwesten ca. 25 Minuten hinauf zur Dantercëpies-Seilbahn und mit dieser zurück nach Wolkenstein.

Wolkenstein mit Sella

68 **Klettertour:** Grödner Joch – Große Cirspitze, 2.597 m

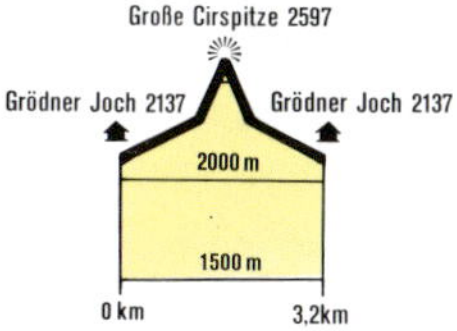

Ausgangspunkt: Grödner Joch
Parken: an der Paßhöhe
Höhenunterschied: 470 m
Wanderzeit: 1½ Std.
Schwierigkeitsgrad: mittel! Klettersteigabschnitte mit Erfordernis von Trittsicherheit und Schwindelfreiheit!
Einkehr: am Grödner Joch
Karte: siehe Seite 130

Tourenverlauf: Direkt von der Paßhöhe aus folgen wir einem Wegweiser nach Norden; optisch ist das vor uns liegende Ziel, die gezackte Reihe der einzelnen Cirspitzen mit der markanten Großen Cirspitze leicht rechts liegend nicht zu verfehlen. Über Almsteige aufwärts in mäßiger Steilheit zum Beginn des Kars. Hier nun stets dem markierten Steig folgend hinauf zum Eingang der Schlucht (einige andere parallele Steige sind wesentlich mühsamer). Am Schluchteingang links ein markantes weißes Gedenkkreuz im Felsen. Durch die Schlucht nun im Zick-Zack hinauf bis zum rechter Hand liegenden Klettersteigbeginn. Hier nun über ein gesichertes Band hinauf zu einer Südschulter mit Tiefblick auf das Grödner Joch. In weiterem abwechslungsreichen Aufstieg teils über Felsstufen und kurze gesicherte Kletteretappen hinauf zur Westschulter. Über diese nun leicht zum überraschend aussichtsreichen Gipfel mit Blicken nordwärts zur Puez- und Geislergruppe sowie südwärts zum mächtigen Sellastock. Abstieg erfolgt wie Aufstieg. Vorsicht auf Steinschlaggefahr für entgegenkommende Bergsteiger!

69 **Wanderung:** Grödner Joch – Puezhütte, 2.475 m

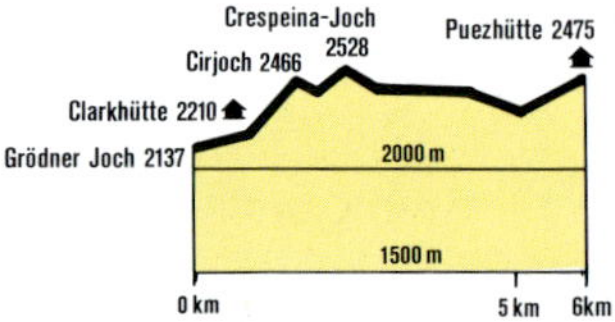

Ausgangspunkt: Grödner Joch
Parken: an der Paßhöhe
Höhenunterschied: 400 m
Wanderzeit: 3 Std.
Schwierigkeitsgrad: leicht!
Einkehr: Puezhütte
Karte: siehe Seite 130

Tourenverlauf: Vom Grödner Joch vorbei am Hotel Cir nach Norden und nach leichtem Anstieg hinauf zur Clarkhütte, deutlich sichtbar im Südosten der Cirspitzen gelegen. Nun folgen wir dem gut beschilderten und markierten Steig Nr. 2, der nun teilweise steil in Serpentinen hinauf zum Cirjoch führt. Hier nun zuerst eben durch eine bizarre Felslandschaft hindurch und dann über eine Hangquerung hinab in den Talschluß des Val Chedul; von dort nun hinauf zum Crespeina-Joch, welches bereits von weitem durch ein Kreuz erkennbar ist. Hier nun öffnet sich der Blick nach Norden zur beeindruckenden Felshochfläche des Puez-Gardenatscha-Gebietes. Nun führt uns der Weg abwärts; links erblicken wir den tiefgrünen Crespeinasee. Auf gemütlichen Almsteigen mit nur geringen Höhenunterschieden gelangen wir zum Ciampaijoch. Hier nun weiter nordwärts auf dem Weg Nr. 2. Bei der weiter folgenden Abzweigung halten wir uns geradeaus, auf dem verbleibenden, fast ebenen Weg zur Puezhütte bieten sich linker Hand noch beeindruckende Tiefblicke ins Langental. Die nun erreichte Puezhütte bietet sich als hervorragender Stützpunkt für Mehrtagestouren sowie als Ausgangspunkt für zahlreiche Gipfeltouren im Puez-Geisler-Gebiet an.

70 **Wanderung:** Langkofel-Umrundung

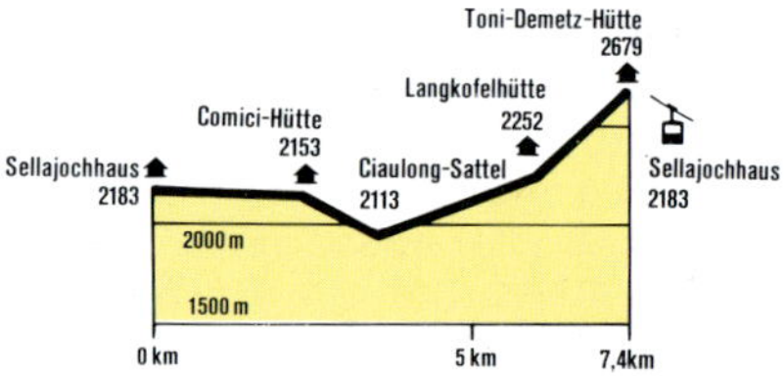

Ausgangspunkt: Sellajochhaus
Parken: Parkplatz hinter dem Haus
Höhenunterschied: 600 m
Wanderzeit: 4 Std.
Schwierigkeitsgrad: mittel!
Einkehr: E. Comici-Hütte, Langkofelhütte, Toni-Demetz-Hütte

Tourenverlauf: Zu den »klassischen« Dolomitenmassiven zählt zweifelsfrei auch der Langkofel, daher kann dieses Wahrzeichen des Grödner Tales

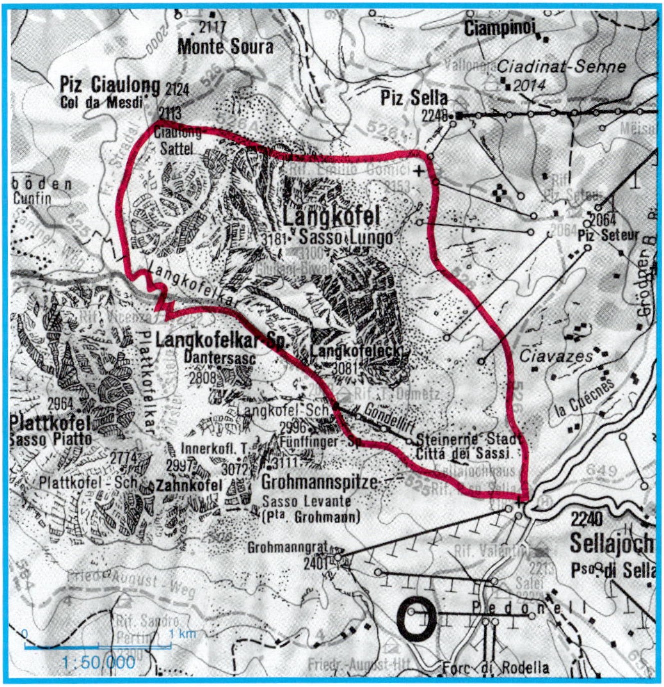

wohl in keinem Wanderbuch über dieses Gebiet fehlen. Bedingt durch die starke touristische Erschließung sind Wanderungen in diesem Gebiet am frühen Morgen anzuraten und zwar in der im folgenden vorgeschlagenen Richtung, da die Seilbahnen erst im Laufe des Vormittags ihren Betrieb aufnehmen. Vom Sellajochhaus wenden wir uns nach Nordwesten und wandern auf gut beschildertem Steig durch eine eindrucksvolle Felssturzlandschaft, »Steinerne Stadt« genannt. Ziemlich eben erreichen wir bald die Comici-Hütte, unweit der Piz Sella-Bergstation gelegen. Hier nun nach Westen hinab in eine Senke und in dieser bei einer Wegteilung nach links, leicht aufwärts unter den imposanten Langkofel-Nordwänden des Langkofels vorbei. Nach Passieren eines kurzen Waldstückes gelangen wir auf den Ciaulong-Sattel. Nun umrunden wir die Langkofel Westflanke und wandern über einen guten Steig zuerst abwärts und eben, danach aufwärts über Serpentinen Richtung Langkofelkar. Zu unserer Rechten nun der weitläufige Blick auf Schlern und Seiser Alm. Vor uns die imposante Felsszenerie von Langkofel und Plattkofel. Bald ist die Langkofelhütte (Rif. Vicenza) erreicht. Nach Rast und Einkehr nun über den Weg Nr. 525 hinauf ins Langkofelkar; zuerst mäßig steigend, im oberen Bereich zum Teil steil über Serpentinen bis zur Toni-Demetz-Hütte. Von hier nun zurück zum Sellajochhaus mit der Langkofelseilbahn.

Schutzhütten

Alle Angaben ohne Gewähr! Bitte fragen Sie vor Beginn der Wanderung im Talort nach der Bewirtschaftungszeit und erkundigen Sie sich, ob eine Übernachtungsmöglichkeit besteht! Die Telefonnummern der wichtigsten Schutzhütten finden Sie auf Seite 141.

Dolomiten

Broglesalm, 2.045 m, privat, Post: I-39046 St. Ulrich in Gröden, im Sommer bewirtschaftet. Zugänge: von Villnöß/St. Magdalena, 2½ Std.; von St. Ulrich durch das Annatal, 2½ Std.; von Furnes (Seilbahn bis dorthin), 1¼ Std.; von Seceda (Seilbahn bis dorthin), 1¾. Übergänge: zur Raschötzhütte, 2 Std.; zur Fermedahütte über die Panascharte, 2 Std.; zur Regensburger Hütte über die Panascharte, 2¼ Std.; zur Schlüterhütte über den Adolf-Munkel-Weg, 3 Std. Gipfel: Seceda, 2.519 m, über die Panascharte, 2 Std. (mittel); Innerraschötz, 2.303 m, 1¼ Std. (leicht).

Comici E., Rifugio, 2.153 m, privat, Post: I-39048 Wolkenstein, im Sommer bewirtschaftet. Zugänge: mit der Seilbahn von Plan de Gralba (Hotel an der Straße Wolkenstein – Grödner Joch); vom Sellajochhaus, ¾ Std.; von der Bergstation der Seilbahn Wolkenstein – Ciampinoi, ½ Std. Übergänge: zur Langkofelhütte, 1½ Std.; zum Rif. Piz Seteur, ½ Std.

Gampenalm, 2.062 m, privat, Post: I-39040 Villnöß, im Sommer bewirtschaftet. Zugang: von der Zanser Alm im Villnößtal, 1 Std. Übergang: zur Schlüterhütte, ¾ Std. Weiteres siehe dort.

Grödner Joch, Hotelgruppe, 2.137 m, privat, Post: I-39048 Wolkenstein, ganzjährig bewirtschaftet. Zugänge: von Wolkenstein mit Auto, Seilbahn und Sessellift; von Plan de Gralba, 1½ Std. Übergang: zur Puezhütte, 2¾ Std.

Langkofelhütte (Rif. Vicenza), 2.252 m, CAI, Post: I-39047 St. Christina in Gröden, im Sommer bewirtschaftet. Zugänge: vom Monte Soura (Sessellift), 1¼ Std.; von St. Christina, 2½ Std.; vom Sellajoch, 2 Std. (nur für Geübte). Übergänge: zur Plattkofelhütte, 1½ Std. (nur für Geübte); zum Rif. E. Comici, 1¼ Std. (nur für Geübte); zur Toni-Demetz-Hütte, 1¼ Std. Gipfel: Plattkofel, 2.964 m, 2½ Std. (nur für Geübte).

Plosehütte, 2.447 m, CAI, Post: I-39042 Klausen, im Winter und Sommer bewirtschaftet. Schigebiet. Zugänge: von Brixen oder Kreuztal mit Gondel- und Sessellift oder im Sommer mit KFZ bis zum Haus. Übergang: zur Schlüterhütte, 3–4 Std. Gipfel: Pfannspitze, 2.547 m, ½ Std. (Plosegipfel und Telegraph sind militärisches Sperrgebiet).

Puezhütte, 2.475 m, CAI, Post: I-39030 Stern in Abtei, im Sommer bewirtschaftet. Zugänge: von Wolkenstein durch das Langental, 3½ Std.; von Kolfuschg über das Ciampaijoch, 3½ Std.; von Stern über die Gardenacciahütte, 4 Std.; von Campill über das Puezjoch, 4 Std. Übergänge: zur Regensburger Hütte über die Forcella Forces de Sielles, 2½ Std. (mittel, gesichert); zum Grödner Joch über das Ciampai-, Crespeina- und Cirjoch, 2 Std.; zur Schlüterhütte über die Forcella Forces de Sielles (mittel, gesichert) und die Forcella de la Roa, 4¼ Std. Gipfel: Westliche Puezspitze, 2.918 m, 1½ Std. (mittel); Östliche Puezspitze, 2.913 m, 1½ Std. (leicht); Col de la Pieres, 2.751 m, 2 Std. (nur für Geübte); Sassongher, 2.665 m, 2 Std. (nur für Geübte); Sass da Ciampac, 2.667 m, 2 Std. (mittel); Ciampeiseekofel, 2.653 m, 2 Std. (mittel).

Puflatschhütte, 1.950 m, AV Südtirol, Post: I-39040 Seiser Alm, im Winter und Sommer bewirtschaftet. Zugänge: von der Seiser Alm (Gasthof Schönblick), 25 Min.; von Kastelruth, 2½ Std. Gipfel: Puflatsch, 2.178 m, ¾ Std. (leicht).

Raschötzhütte, 2.165 m, CAI, Post: I-39046 St. Ulrich in Gröden, im Sommer und Winter bewirtschaftet. Zugänge: von St. Ulrich mit dem Sessellift auf die Saltner Schwaige, von dort ¼ Std.; von Villnöß/St. Peter, 2½ Std. Übergang: zur Broglesalm, 1¾ Std. Gipfel: Außerraschötz, 2.282 m, 20 Min. (leicht).

Regensburger Hütte (früher Geislerhütte, Rif. Firenze), 2.039 m, CAI, Post: I-39048 Wolkenstein, im Sommer bewirtschaftet, im Winter telefonisch anfragen. Zugänge: von St. Christina, 1½ Std.; vom Col Raiser (Lift), ¼ Std.; von Wolkenstein, 1½ Std.; von St. Ulrich, 3 Std.; von der Bergstation der Seceda-Seilbahn, 1 Std. Übergänge: zur Fermedahütte, ½ Std.; zur Broglesalm über die Panascharte, 2¼ Std.; zur Schlüterhütte über die Forcella de la Roa, 3½ Std.; zur Puezhütte über die Forcella Forces de Sielles, 3 Std. (mittel, gesichert). Gipfel: Kleine Fermeda, 2.814 m, 1½ Std. (nur für Geübte); Sass Rigais, 3.025 m, 3 Std. (nur für Geübte, gesicherter Klettersteig); Furchetta, 3.025 m, 3 Std. (nur für Geübte).

Schlüterhütte (Peitlerkofelhütte), 2.297 m, CAI, Post: I-39040 Villnöß, im Sommer bewirtschaftet. Zugänge: von Villnöß/St. Magdalena, 3¾ Std.; von der Gampenalm, ¾ Std.; von Campill, 2½ Std.; von Antermoia über das Gömmajoch, 4 Std.; von Antermoia über das Würzjoch und die Peitlerscharte, 4½ Std.; vom Sporthotel Palmschoß über die Peitlerscharte, 4½ Std. Übergänge: zur Broglesalm über den Adolf-Munkel-Weg, 2½ Std.; zur Puezhütte über die Forcella de la Roa und die Forcella Forces de Sielles, 4 Std. (mittel, gesichert); zur Regensburger Hütte über die Forcella de la Roa, 3¼ Std.; zur Plosehütte über die Peitlerscharte, 3½ Std. Gipfel: Peitlerkofel, 2.875 m, 2 Std. (teilweise, gesicherter Steig, nur für Geübte).

Seiser Alm, Hoteldorf auf der Seiser Alm, 1.800 – 2.000 m, Post: I-39040 Seiser Alm. Zugänge: von Seis oder Kastelruth mit dem Auto; zu Fuß, 2½ Std. Übergänge: zu den Hütten und Alpengasthöfen auf der Seiser Alm und am Schlern.

Sellajochhaus, 2.183 m, CAI, Post: I-39048 Wolkenstein, im Winter und Sommer bewirtschaftet. Zugänge: von Wolkenstein und Canazei mit dem Auto; von Campitello di Fassa, 3½ Std. Übergänge: zur Toni-Demetz-Hütte, 1¼ Std.; zur Langkofelhütte, 2 Std.; zum Rif. E. Comici, ¾ Std.; zur Plattkofelhütte, 2 Std.

Toni-Demetz-Hütte (Langkofelschartenhütte), 2.679 m, privat, Post: I-39048 Wolkenstein, im Sommer bewirtschaftet. Zugänge: vom Sellapaß mit dem Gondellift oder zu Fuß, 1¼ Std. Übergang: zur Langkofelhütte, ¾ Std.

Sarntaler Alpen

Alpenrosenhof am Penser Joch, 2.211 m, privat, Post: I-39049 Sterzing, im Sommer bewirtschaftet. Zugang: mit dem KFZ bis zum Haus. Gipfel: Sarner Weißhorn, 2.705 m, 2 Std. (nur für Geübte); Gänsekragen-Spitze, 2.322 m, 20 Min. (leicht).

Klausener Hütte, 1.923 m, CAI, Post: I-39043 Latzfons bei Klausen, im Sommer bewirtschaftet. Zugänge: von Latzfons, 2 Std.; von Durnholz über die Fortschellscharte, 2½ Std. Übergänge: zur Flaggerscharte Hütte, 4½ Std.; zur Radlseehütte, 2 Std.; zum Rittner-Horn-Haus über das Wirtshaus Latzfonser Kreuz und den Gasteiger Sattel, 4 Std. Gipfel: Lorenzispitze, 2.481 m, 1¾ Std. (mittel); Kassianspitze, 2.581 m, 2 Std. (mittel).

Latzfonser-Kreuz-Wirtshaus (Heiligenkreuz), 2.298 m, privat, Post: I-39043 Latzfons bei Klausen, im Sommer bewirtschaftet. Zugänge: von Latzfons über die Klausener Hütte, 3 Std.; aus dem Durnholzer Tal, 4 Std. Übergänge: zur Klausener Hütte, 1 Std.; zum Rittner-Horn-Haus, 3 Std. Gipfel: Kassianspitze, 2.581 m, 1 Std. (mittel).

Mair in Plun Alm, 1.850 m, privat, Post: I-39043 Villanders, im Sommer bewirtschaftet. Zugang: von Klausen mit dem Auto bis zur Villanderer Alm, von dort 20 Min.

Passeirer Jaufenhaus, 1.815 m, privat, Post: I-39015 St. Leonhard in Passeier, ganzjährig bewirtschaftet. Schigebiet. Zugang: mit dem KFZ erreichbar. Gipfel: Jaufenspitze, 2.481 m, 2 Std. (mittel).

Radlseehütte, 2.284 m, AV Südtirol, Post: I-39040 Feldthurns, im Sommer bewirtschaftet. Zugang: von Gereuth, 2½ Std. Übergang: zur Klausener Hütte, 1¾ Std. Gipfel: Hundskopf, 2.354 m, ¼ Std. (leicht); Königsangerspitze, 2.439 m, ½ Std. (leicht).

Rittner-Horn-Haus, 2.260 m, CAI, Post: I-39040 Barbian, im Sommer und während der Schisaison bewirtschaftet. Zugänge: von Klobenstein, 3½ Std.; von Oberbozen, 4 Std.; von Barbian, 3½ Std.; von Sarnthein über die Sarner Scharte und den Gasteiger Sattel, 5 Std.; von Bundschen, 4½ Std. Übergänge: zum Unterhornhaus, 20 Min.; zur Klausener Hütte, 4 Std. Gipfel: Villandererberg, 2.509 m, über den Gasteiger Sattel und die Sarner Scharte, 2 Std. (mittel).

Stöfflhütte, 2.057 m, privat, Post: I-39043 Klausen, im Sommer bewirtschaftet. Zugänge: von Latzfons, 3 Std.; von Reinswald im Durnholzer Tal, 2½ Std. Übergänge: zum Rittner-Horn-Haus, 1½ Std.; zum Wirtshaus Latzfonser Kreuz, 1½ Std. Gipfel: Villandererberg, 2.509 m, 2 Std. (mittel).

Sterzinger Jaufenhaus, 1.990 m, privat, Post: I-39040 Sterzing, ganzjährig bewirtschaftet. Zugang: mit dem KFZ erreichbar. Während des Winters (Schigebiet) wird nur die Straße Sterzing – Jaufen freigehalten. Gipfel: Jaufenspitze, 2.481 m, 1½ Std. (mittel).

Villanderer Alm, 1.744 m, privat, Post: I-39043 Villanders, im Winter und Sommer bewirtschaftet. Zugang: von Villanders mit dem KFZ oder zu Fuß, 1½ Std. Übergänge: zur Stöfflhütte, 1¼ Std.; zum Rittner-Horn-Haus, 2 Std. Gipfel: Villandererberg, 2.509 m, 3 Std. (mittel).

Stubaier Alpen

Becherhaus, 3.195 m, CAI, Post: I-39040 Ratschings, im Sommer bewirtschaftet, Winter-Notunterkunft. Zugänge: von Maiern im Ridnauntal über die Übeltalferner Hütte und die Teplitzer Hütte, 6 Std. (zum Teil über Gletscher, nur für Geübte); von Schönau an der Timmelsjochstraße über die Schwarzwandscharte und die Müllerhütte, 8 Std. (zum Teil über Gletscher, nur für Geübte). Übergänge: zur Sulzenauhütte (Österreich) über die Müllerhütte, 3 Std. (Gletscher, nur für Geübte); zur Nürnberger Hütte (Österreich) über die Freigerscharte (nur für Geübte). Gipfel: Wilder Freiger, 3.419 m, 1 Std. (Gletscher, nur für Geübte).

Müllerhütte, 3.148 m, CAI, Post: I-39040 Ratschings, im Sommer bewirtschaftet. ½ Std. vom Becherhaus entfernt. Weiteres siehe dort.

Schneespitzhütte (Magdeburger Hütte), 2.423 m, CAI, Post: I-39040 Gossensaß, im Sommer bewirtschaftet. Zugang: von Innerpflersch, 3 Std. Übergang: zur Tribulaunhütte, 5 Std. Gipfel: Schneespitze, 3.172 m, über die Nordostflanke (vergletschert), 2½ Std. (nur für Geübte); Weißwandspitze, 3.018 m, Markierung bis unmittelbar südlich des Gipfels, von dort über den gewölbten Südrücken zum Gipfel, 2½ Std. (mittel).

Sterzinger Haus, 1.930 m, AV Südtirol, Post: I-39049 Sterzing, im Winter und Sommer bewirtschaftet. Zugänge: von Sterzing, 2 Std.; von Gossensaß, 3½ Std.; von der Roßkopf-Seilbahn-Bergstation, 20 Min. Übergang: in das Ridnauntal über die Prischeralm, 5½ Std. Gipfel: Roßkopf, 2.189 m, 1 Std. (mittel); Telfer Weißen, 2.588 m, 3½ Std. (mittel).

Teplitzer Hütte, 2.586 m, privat, Post: I-39040 Ridnaun, im Sommer bewirtschaftet. Zugang: von Maiern im Ridnauntal, 4 Std.

Tribulaunhütte am Sandessee, 2.423 m, CAI, Post: I-39040 Gossensaß, im Sommer bewirtschaftet. Zgang: von Innerpflersch, 3 Std. Übergänge: zur Schneespitzhütte, 5 Std.; zur österreichischen Tribulaunhütte über die Pflerscher Scharte, 2.599 m, 2½ Std. Gipfel: Pflerscher Pinkel, 2.766 m, über die Pflerscher Scharte, 1¼ Std. (mittel).

Übeltalferner Hütte (Grohmannhütte), 2.254 m, CAI, Post: I-39040 Ridnaun, im Sommer bewirtschaftet. Zugang: von Innermareit, 2½ Std. Übergang: zum Becherhaus, 2½ Std.

Zillertaler Alpen

Brixner Hütte, 2.307 m, AV Südtirol, Post: I-39037 Mühlbach, im Sommer bewirtschaftet. Zugänge: von Vals über die Fanealm, 3 Std.; von Fußendraß über das Sandjöchl, 4½ Std.

Hochfeilerhütte, 2.700 m, am Fuß des Hochfeilers, AV Südtirol, Post: I-39040 Pfitsch, im Sommer bewirtschaftet, offener Winterraum. Zugang: von St. Jakob/Pfitscher-Joch-Straße, dritte Kehre, 3 Std. Übergang: zur Eisbruggjochhütte über die Untere Weißzintscharte, 3 Std. (Gletschertour). Gipfel: Hochfeiler, 3.510 m, 2 Std. (am Grat schneefreier Zugang); Hoher Weißzint, 3.371 m, 3 Std. (Gletscherquerung!); Hochfernerspitze, 3.473 m, 3 Std. (Gletschertour).

Labesebenhütte, 2.138 m, privat, Post: I-39037 Vals, im Sommer bewirtschaftet. Zugänge: von Vals über die Fanealm, 3 Std.; von Mauls über Gansör und die Gansörscharte, 2.549 m, 5 Std. Gipfel: Wilde Kreuzspitze, 3.132 m, über den Wilden See, 3 Std. (mittel).

Landshuter Europa Hütte, 2.693 m, DAV und CAI, Post: I-39040 St. Jakob/Pfitsch, im Sommer bewirtschaftet. Zugänge: von Brennersee (Bahnstation) durch das Vennatal, 4 Std.; von St. Jakob in Pfitsch, 3½ Std.; von Innervals auf dem Geistbeckweg, 5 Std. (nur für Geübte). Übergänge: zur Enzianhütte über die Wildseespitze, den Wolfendorn, die Flatschspitze und das Schlüsseljoch, 3 Std.; zum Pfitscher-Joch-Haus, 3 Std. Gipfel: Wolfendorn, 2.766 m (Staatsgrenze, der Weg verläuft auf der ital. Seite) über die Wildseespitze, 1¼ Std.; Kraxentrager, 2.998 m (Staatsgrenze) auf dem Steig über den Südgrat, zuletzt 20–30 m Abstieg in die Nordflanke, von dort über unschwierige Felsen zum Gipfel, 1 Std. (nur für Geübte).

Pfitscher-Joch-Haus, 2.277 m, privat, Post: I-39040 Pfitsch, im Sommer bewirtschaftet. Zugänge: von St. Jakob in Pfitsch, 1¾ Std.; von Stein, 1¼ Std.

Sterzinger Hütte, 2.344 m, AV Südtirol, Post: I-39040 Pfitsch/Wiesen, im Sommer bewirtschaftet, übrige Zeit auf Anfrage. Zugang: von Burgum im Pfitscher Tal, 2½ Std. Übergang: zur Brixner Hütte, 3 Std. Gipfel: Wilde Kreuzspitze, 3.132 m, 2½ Std.; Blickenspitze, 2.985 m, 2 Std.

Im Habachtal
Silberwurz
Rotes Kohlröschen
Steinadler
Epidot
Gemsen
Aurikel

Die Abbildungen stammen aus den KOMPASS-Naturführern
Nr. 1100 Alpenblumen, Nr. 1101 Alpentiere und Nr. 1106 Mineralien.

Seite

A
Adolf-Munkel-Weg 126
Aferer Geiseln 115
Albions 119
Alpenrosenhof 61, 135
Außerratschings 52
Außerthal 58

B
»Bahnweg« 130
Barbian 96
Becherhaus 48, 135
Blazeralm 80
Brenner 17, 35, 38
Brixen 65 ff., 85, 88
Brixner Höhenweg 90
Brixner Hütte 74 ff., 136
Broglesalm 126, 134
Burgum 33

E
E.-Comici-Hütte 132, 134
Edelweißhütte 38
Egetjoch 50
Enzianhütte 56

F
Fanealm 74, 77
Feldthurns 97, 106
Flading 53 ff.
Flatschjöchl 34
Flatschspitze 35
Fleckhütte 56
Fleckspitze 56
Franzensfeste 69
Freienfeld 18, 61
Fröllerberg 79
Furlhütte 43, 135

G
Gampenalm 113, 134
Garn 106
Gilfenklamm 52
Gitsch 73
Gleckspitze 53
Gostjöchl 58
Gossensaß 18 f., 36
Grödner Joch 130 ff., 134
Große Cirspitze 131
Großer Gabler 89
Große Mootalm 61
Günther-Messner-Steig 115

H
Hochfeiler 30
Hochfeilerhütte 30, 136
Hohe Kreuzspitze 55
Hoher Zahn 40
Hühnerspiel 36
Hühnerspielhütte 38, 136

I, J
Innermareit 46 f., 50 f.
Innerpflersch 20, 40
Jakoberhof 127
Jaufenpaß 56 f.
Jaufenspitze 57
Jaufensteg 52
Jochtal 78
Juac-Hütte 128

K
Kematen 34
Kieneralm 73
Klausen 98, 105
Klausener Hütte 108, 135
Klerant 88
Kloster Säben 105
Kraxentrager 28
Kreuztal 89 f.
Kreuzwiesenhütte 81
Kuhberg 106

L
Labesebenhütte 77, 136
Ladurnser Alm 38
Lajen 119 ff.
Langkofelhütte 132, 134
Langkofel-Umrundung 132
Landshuter Höhenweg 27
Landshuter Europa Hütte 27 ff., 136
Latzfons 108
Latzfonser Kreuz 108, 135
Lazzacher Alm 50
Lazzacher Tal 50
Lüsen 70, 81
Lüsenberg 80

M
Magdeburger Hütte 42, 136
Mair in Plun Alm 110, 135
Mareit 45, 51
Mellaun 88
Meransen 73
Milland 88
Mühlbach 70

N, O
Natz 71, 85
Nauders 79
Neustift 84 f.
Ochsenalm 90

P
Passeirer Jaufenhaus 135
Peitlerkofel 117
Pens 20
Penser Joch 60 f.
Pfannspitze 89
Pflerschtal 38
Pfitsch 20
Pfitscher Joch 27, 32
Pfitscher-Joch-Haus 27, 136
Pitschberg 127
Platsch 58
Plosehütte 89, 134
Prischer-Alm 46
Puezhütte 128, 132, 134
Puflatschalpe 122
Puflatschhütte 134
Pülverer 55

R
Radlseehütte 106, 135
Raminges 43
Ramitzler Schwaige 120
Raschötzhütte 120, 134
Rastnerhütte 80
Ratschings 21
Regensburger Hütte 128, 134
Riedspitze 36
Rittner Horn 110
Rittner-Horn-Haus 110, 135
Rodeneck 71, 79
Rodenecker Alpe 80
Ronerhütte 80
Roßkopf 43 ff.
Rotbachlspitze 32
Ruine Reifenegg 52

S
Saltner Schwaige 126
St. Andrä 83
St. Christina in Gröden 100
St. Jakob in Pfitsch 27 f., 29
St. Jakob/Grödental 127
St. Leonhard 83
St. Magdalena 51
St. Magdalena/Villnöß 112, 126
St. Peter/Villnöß 111
St. Ulrich in Gröden 101, 125 ff.
St. Zenon 113
Sass Rigais 112 f.
Sarner Weißhorn 60
Sarns 88
Saun 36, 44
Schabs 85
Schalders 91 f.
Schalderer Tal 91
Schloß Reifenstein 63
Schloß Rodeneck 79
Schlüsseljoch 35
Schlüterhütte 112, 134
Schneespitzhütte 42, 136
Seebersee 46
Seiser Alm 124, 135
Sellajochhaus 132, 135
Sengestal 61
Sobutsch 113
Spilucker Köpfl 92
Spinges 78
Stein 27, 30, 40, 42
Sterzing 23 ff., 36
Sterzinger Haus 43, 136
Sterzinger Hütte 33, 136
Sterzinger Jaufenhaus 135
Stöfflhütte 135

T
Telegraph 90
Telfer Weißen 44
Telfes 45
Teis 111
Teplitzer Hütte 47 f., 136
Toni-Demetz-Hütte 132, 134
Tribulaunhütte 40, 136
Trüber See 50

U, V
Übeltalferner-Hütte 48, 136
Vahrn 72, 84
Vahrner See 84
Vals 74, 77 f.
Villanders 102
Villanderer Alm 110, 135
Villnöß 102, 111
Vogelweiderhof 119

W, Z
Waidbruck 104
Weißspitze 36
Weißwandspitze 42
Wilde Kreuzspitze 33, 76
Wilder Freiger 48
Wilder See 77
Wildseespitze 29
Wolfendorn 34 f.
Wolkenstein 104, 128, 130
Wumblsalm 55
Würzjoch 117
Würzjochhaus 117
Zinseler 61
Zirogalm 35

Telefon- und Faxnummern der Tourismusvereine

Tourismusverband Eisacktal, I-39042 Brixen, Großer Graben 28a,
Tel. 0472/802232, Fax 801315

	Telefon	Fax
Barbian	0471/654411	650060
Brixen	0472/836401	836067
Feldthurns	0472/855290	855031
Franzensfeste	0472/458605	458828
Gossensaß	0472/632372	632580
Gufidaun	0472/844048	
Klausen	0472/847424	847244
Lajen	0471/655633	655566
Lüsen	0472/413750	413838
Meransen	0472/520197	520125
Mühlbach – Vals – Spinges	0472/849467	849849
Natz – Schabs	0472/412440 + 415020	415122
Pens (Sarntal)	0471/623091	622350
Pfitsch	0472/765730	767340
Ratschings	0472/756666	756889
Rodeneck	0472/454044	454050
St. Christina in Gröden	0471/793046	793198
St. Ulrich in Gröden	0471/796328	796749
Sterzing	0472/765325	765441
Teis	0472/844522	
Vahrn	0472/837470	837465
Villanders	0472/843121	843347
Villnöß	0472/840180	841515
Wolkenstein in Gröden	0471/795122	794245

Telefonnummern der wichtigsten Schutzhütten

Dolomiten

Broglesalm 0471/655642
Comici E., Rifugio 0471/794121
Gampenalm 0472/840382 + 840001
Grödner-Joch-Hospiz 0471/795133
Langkofelhütte 0471/797315
Plosehütte 0472/521333
Puezhütte 0471/795365
Puflatschhütte 0471/727834
Raschötzhütte 0471/797186
Regensburger Hütte 0471/796307
Schlüterhütte 0472/840132
Sellajochhaus 0471/795136
Toni-Demetz-Hütte 0471/795050

Sarntaler Alpen

Alpenrosenhof 0472/771999 + 647170
Klausener Hütte 0472/545194
Latzfonser-Kreuz-Wirtshaus 0472/545017
Mair in Plun Alm 0336/629754
Radlseehütte 0472/855230
Rittner-Horn-Haus 0471/356207
Stöfflhütte 0336/686882 + 0348/2608960
Sterzinger Jaufenhaus 0472/756622

Stubaier Alpen

Becherhaus 0472/656377
Müllerhütte 0472/766710 und 0337/451384
Schneespitzhütte 0472/632472
Sterzinger Haus 0472/765301
Teplitzer Hütte 0472/636256
Tribulaunhütte 0472/632470
Übeltalferner Hütte 0472/656256 + 0368/400160

Zillertaler Alpen

Brixner Hütte 0472/547131
Hochfeilerhütte 0472/646071
Landshuter Europa Hütte 0472/646076
Pfitscher-Joch-Haus 0472/630119
Sterzinger Hütte 0472/646074

Alle Angaben ohne Gewähr!

KOMPASS

KOMPASS-Wanderkarten 1:50.000

041	Obervinschgau/Alta Val Venosta 1:35.000
043	Naturpark Texelgruppe-Meraner Höhenweg 1:35.000
44	Sterzing/Vipiteno
044	Passeiertal/Val Passiria 1:35.000
051	Naturns/Naturno-Latsch/Laces 1:35.000
52	Vinschgau/Val Venosta
052	Ultental/Val d'Ultimo 1:40.000
53	Meran/Merano
053	Meran/Merano 1:25.000
54	Bozen/Bolzano
054	Lana 1:25.000
55	Cortina d'Ampezzo
055	Tschögglberg/Monzoccolo-Salten del Salto 1:35.000
56	Brixen/Bressanone
056	Sarntal/Val Sarentino 1:35.000
57	Bruneck/Brunico-Toblach/Dobbiaco
057	Antholz/Anterselva-Gsies/Valle di Casies 1:35.000
58	Sextener Dolomiten/Dolomiti di Sesto
59	Sellagruppe/Gruppo di Sella
069	Schlanders/Silandro 1:35.000
070	Naturpark/Parco Naturale Adamello-Brenta 1:40.000
71	Adamello-La Presanella
72	Ortler/Ortles-Cevedale
072	Nationalpark Stilfser Joch/Parco Nazionale dello Stelvio
73	Gruppo di Brenta
073	Dolomiti di Brenta 1:30.000
74	Tramin/Termeno-Cavalese
074	Südtiroler Weinstraße-Unterland 1:35.000
75	Trento-Levico-Lavarone
075	Altopiano di Piné/Val di Cembra-Val dei Mocheni 1.35.000
76	Pale di San Martino
77	Alpi Bellunesi
78	Altipiano dei Sette Comuni
081	Pfunderer Berge/Monti di Fundres 1:35.000
82	Taufers-Ahrntal/Tures-Valle Aurina
082	Ahrntaler Berge/Monti di Valle Aurina 1:35.000
85	Monte Bianco/Mont Blanc
86	Gran Paradiso-Valle d'Aosta
87	Breuil-Cervinia-Zermatt
88	Monte Rosa
89	Domodossola
90	Lago Maggiore-Lago di Varese
91	Lago di Como-Lago di Lugano
92	Chiavenna-Val Bregaglia
93	Bernina-Sondrio
94	Edolo-Aprica
95	Valle di Non/Nonstal
095	Val di Sole 1:35.000
96	Bormio-Livigno-Corna di Campo
096	Alto Garda-Val di Ledro 1:35.000
97	Omegna-Varallo-Lago d'Orta
100	Monti Lessini-Recoaro Terme
101	Rovereto-Monte Pasubio
102	Lago di Garda-Monte Baldo
103	Le Tre Valli Bresciane
104	Foppolo-Valle Seriana
105	Lecco-Valle Brembana
106	Lago d'Iseo
600	Abano Terme-Colli Euganei 1:30.000
615	Brixen/Bressanone-St.Vigil-Enneberg 1:25.000
616	Gröden/Val Gardena-Sella-Canazei 1:25.000
617	Cortina d'Ampezzo 1:25.000
618	Fleimstal/Val di Fiemme-Catena dei Lagorai 1:25.000
619	Fassatal/Val di Fassa-Marmolada-Moena 1:25.000
620	M.Antelao-M.Pelmo-Alleghe 1:25.000
621	Val Sugana-Cima d'Asta 1:25.000
622	Pale di San Martino-Fiera di Primiero 1.25.000
623	Asiago-Sette-Comuni-Val d'Astico 1:25.000
624	Hochabtei/Alta Badia 1:25.000
625	Sextener Dolomiten/Dolomiti di Sesto 1:25.000
626	Catena dei Lagorai/Lagorai-Kette-Cima d'Asta 1:25.000
640	Nice/Nizza-Monaco-San Remo
641	Alassio-Imperia
644	Cinque Terre
650	Isola d'Elba 1:30.000
659	E5 Toscana
660	Firenze-Chianti
661	Siena-Chianti-Colline Senesi
662	Chianciano Terme-Chiusi
663	Perugia-Deruta
664	Gubbio-Fabriano
665	Assisi-Camerino
666	Monti Sibillini-Cascia-Norica
680	Isole d'Ischia e Procida 1:15.000
681	Isola di Capri 1:7.500
682	Penisola Sorrentina
693	Isole Eolie o Lipari 1:25.000

KOMPASS-Kulturreiseführer mit Reisekarte

250 Gardasee
267 Veltlin
283 Trentino
285 Südtirol

KOMPASS-Weitwanderwege 1:50.000

120 Europäischer Fernwanderweg E5 Teil Nord
121 Europäischer Fernwanderweg E5 Teil Süd
675 Sentiero Europeo E1-Tratto umbro
676 Lombardischer Höhenweg Nord/ Sentiero Lombardia Nord
677 Lombardischer Höhenweg Süd/ Sentiero Lombardia Sud
678 Friedensweg/Via della pace

KOMPASS-Stadtpläne

480 Bozen/Bolzano 1:8.000
481 Meran/Merano 1:8.000
482 Trento 1:12.500

KOMPASS-Naturführer

1100 Alpenblumen
1101 Alpentiere
1102 Wiesenblumen
1103 Pilze
1104 Singvögel
1105 Heilpflanzen
1106 Mineralien
1107 Haus- und Heimtiere
1108 Küstenvögel
1109 Schmetterlinge
1500 Natur-KOMPASS

KOMPASS-Küchenschätze

1701 Südtiroler Spezialitäten